これが「帝国日本」の戦争だ

和賀正樹

現代書館

まえがき
——那覇・月光荘の本棚から

日米、お互いに見ず知らず。戦争がなければ、ケンタッキー州のトウモロコシ農家の青年と大阪の昆布問屋の丁稚が出会うこともない。一人ひとりは善良で、憎しみも恨みもないはずだが殺し合う。また、兵士ばかりではない。沖縄の市井の人びとが意味の見いだしがたい死を強いられた——「帝国日本」によって。

那覇のゲストハウス・月光荘。本棚の『日本最後の闘い　沖縄戦記録写真集』（月刊沖縄社）を手にしたとき、そんなことをぼんやりと思った。聞けば、沖縄戦が終結して三十三年後、三十三回忌の年に、ベストセラーになった県産本のひとつ。大げさにいえば、沖縄の家庭に一冊はある本らしい。

国家に属せずに生きていくことは、難しい。ならば、たまたまこの国で生まれ、ヤポネシアの列島民として暮らすことで強いられる苦痛やくびきを感じさせず、権力を薄絹のようにとどめおいてマツリゴトをおこなってくれないか。それが統治者の手腕であり、めざすべき理想だろう。

憲法とは、なにか。政府に対して、こういう社会をつくりなさいという国民・市民からの命令書だ。共同体の完成予想図といってもいい。

そのベクトルが正反対に向かい、国家の暴力性、強権性を個人につきつける究極のフェーズが戦争だろう。

ヒトは生死の境に身をおけば、なんだってやってのける生き物だ。ひとたび、飢餓となれば、わが子ののどの食べ物を掻き出すこともいとわない。

カリスマ歌手のひと節で、サッカーボールひとつで、我を忘れるのが人間だ。戦場で、どれほど理性を保てるものか。

子孫にツケを先送りする原子力発電、二十四時間営業のコンビニエンスストア、化石燃料で走る自動車、林立する自動販売機、「個人」が未成熟なのだろうか権威に頼る過度の「天皇依存症」……。同時代に生きている人びとは、異常なるものを異常と感じないものだ。「帝国日本」のさなか、治安維持法や不敬罪のあった時代に、どれだけの人びとが「おかしい」「いやだ」と声を上げることができただろうか。

戦争は始めるより、終えるほうが難しい。また、社会問題を個人や家庭の問題にすりかえ、一パーセントの利益を九九パーセントの利益と偽って、火ぶたが切られ、すぐに抑制が効かなくなってしまう。

こりもなく戦争を重ねる人類は、進化を拒絶しているのだろうか。

我々は、消費―再生産といったエコノミーの環から、好んで逸脱することがある。古代人は、ようやくの思いでなした蓄えを、自らの生存・繁殖のためではなく、巨大な神殿の造営や競技場の建設、たった数日の祝祭のために、費やしてしまう。バタイユは、これらの非生産的な消費行動を「純粋な贈与」と考え、「消尽」という言葉で説明してみせた。

酒を飲まない社会はあるだろう。しかし、祭りが一切ない社会は存在するのだろうか。祝祭なき世界に、ひとは住めるものだろうか。

ひとには、消尽を上回る「蕩尽」の本能があるのではと、わたしは疑っている。孜々《しし》営々と日々、励んできたがゆえに、ある日を境に、強い反作用が働き、破局的な行動に打って出る。平和だが、平凡な日々に決別し、無の状態から変態をとげたい。そんな願望をいつも胚胎させているのではないか。幼児が積み上げたブロックをつき崩すことで、遊びのクライマックスを認識するかのように。

人間は何万年たっても、倒錯したハレの場、圧倒的な非日常である戦争をなかなかやめられない。

概念は風化する――身体性をもったものが残る。

「蕩尽」の本能に抵抗する――平和の維持・構築はクリエイティブなもの。

月光荘でたまたま目にした本から、そんなことを教わった。

＊文中の戦争は、特段の表記がないかぎり、すべてアジア太平洋戦争を指す。
＊時代のもつ空気を重視し、戦前・戦中・敗戦直後の記述には和暦を使用した。
＊ときに敬称を略した。ご海容ください。
＊今日では差別的な表現に該当する箇所がありますが、当時の人びとの思考を伝えるため、修正を加えず、そのままとした。

これが「帝国日本」の戦争だ　目次

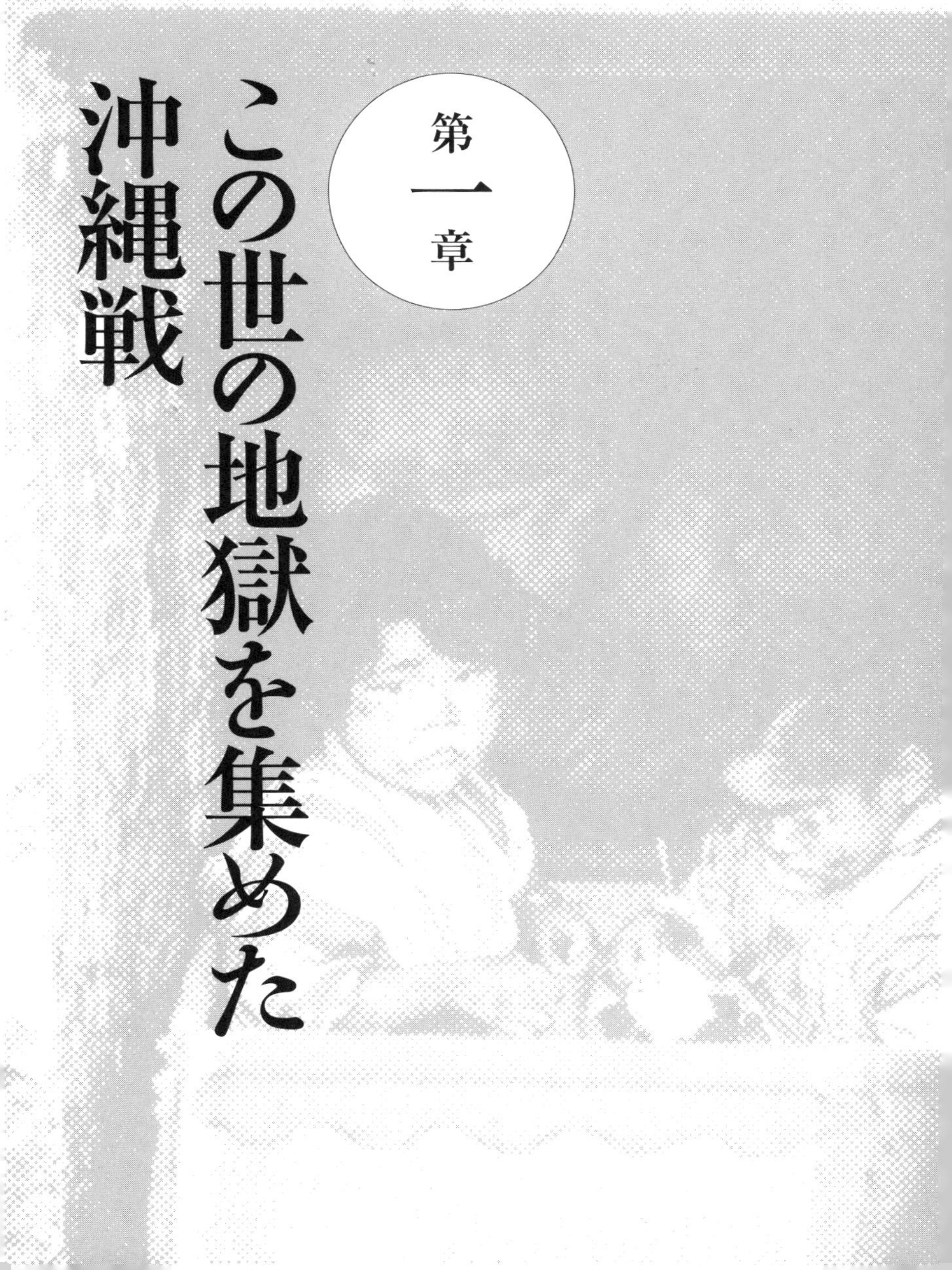

第一章

この世の地獄を集めた沖縄戦

那覇にいきつけの道がある。ひとつは壺屋。仏桑花《ぶっそうげ》が咲き、大崖石榴《おおいたび》が石垣をおおう小径。もうひとつは金城町《きんじょうちょう》の石畳道。首里《しゅり》城の南斜面に、緩やかな坂道が続く。尚《しょう》真王の時代に整備され、那覇の港に通じる「真珠道《まだまみち》」*の一部。国王の御成りにも使われた。琉球石灰岩を敷いた道の両側は、尚王家に仕える士族の屋敷が並んでいた。

今も地元の人たちの生活の道。赤瓦屋根のシーサーを眺めながら下りていくと樹齢二百年のアカギに出合う。まわりは御嶽《うたき》**だ。亭々《ていてい》と枝をのばす常緑樹。こぼれる陽の光。吹きわたる海からの風。住宅地のなかの壺中天《こちゅうてん》（別天地）。なるほど南溟《なんめい》のカミは、こういう小天地にも宿る。

なかほどには共同井戸の金城大樋川《かなぐすくうふふいじゃー》があり、紙一枚入らない精緻な石組みに、毎度見とれてしまう。昔、人馬が清水を飲み、ひと休みしたところだ。首里は水に恵まれた土地で、いまも「瑞泉《ずいせん》酒造」「咲元酒造」が泡盛をつくっている。

この世の地獄をすべて集めたといわれる沖縄戦――。司令部があった首里は集中的に、地形が変わるほどの猛攻撃をうけた。戦後、生き残った人びとは自らを「艦砲ぬ食え残しさー」（艦砲射撃の食い残しだ）といったほどだ。

なぜ、金城の石畳道は残ったのか。米艦隊は主に西側の東シナ海から艦砲射撃をおこなった。首里城は姿形もなく粉砕されたが、首里の丘が砲弾の雨を防いでくれ、裏側のこの一帯にだけ着弾しなかった。沖縄戦の前は、いく筋ものたおやかな石畳が丘の斜面を縫っていた。

――復興をとげた国際通りが「奇跡の一マイル」なら、こちらは「痛恨の三〇〇メートル」。

＊首里城から那覇港南岸まで、総延長10キロの官道。

＊＊南西諸島に広く分布する聖地。多くは森・泉・川で、祭祀をおこなう。宮古諸島では「すく」、八重山諸島では「おん」という。

首里の県立第一中学校（現・首里高校）。校舎の外壁だけが残った

首里攻防戦で戦死した日本軍兵士（首里城　昭和20年5月）

慶良間諸島の「集団自決」…ヤマト世を恨む

那覇の西三〇キロに浮かぶ慶良間(けらま)諸島。沖縄本島の侵攻を前に、米軍は昭和二十年三月二十五日、まずこの島々に上陸した。停泊地、兵站(へいたん)基地として、本島至近の島を確保したかったからだ。

配備されていたのは海上挺身隊のみ。地上部隊はいない。米軍の裏をかき、二五〇キロの爆薬を積み込んだベニヤ張り一人乗りの「震洋」など三五〇隻の特攻艇で、米大艦船団に背後から襲いかかる作戦だった。本島に接近早々に米軍は大損害をうけ、上陸作戦は大混乱をきたすと絵図を描いていた。しかし、逆に裏をかかれた格好だ。

隊員三〇〇人は朝鮮人軍夫二〇〇人と島民を伴い、山に立て籠もった。その際、座間味島などで住民五三三人（七〇〇人超ともいわれる）が「集団自決」を遂げた。

渡嘉敷(とかしき)島の恩納河原(おんなかわら)では、三三九人が亡くなった。手榴弾をもつ防衛隊員をまんなかに島民が身を寄せ合って自爆。死に切れなかった父親はカミソリや鎌で子どものどを裂き、親しい者同士が斧、鍬で頭部を砕き合う。米軍の第三百六連隊の報告書には「夜、島の北端から一マイルの地点で、爆発音と悲鳴を聞いた。翌日、小さな谷間におびただしい死体と瀕死の重傷者を発見。大半は民間人であった」とある。

「足手まといになる者は、いさぎよく自決せよと命じられた」「どこからともなく自決命令が伝わってきた」「手榴弾を自決用に兵隊にお願いしてもらった」などの証言がある。軍の強制があったかは不明だが、慶良間諸島にかぎらず、軍がいないところで「集団自決」はおきていない。県民の多くがヤマト世（日治時代）を恨んで亡くなったことにかわりがない。

数家族の「集団自決」（糸満市米須）。死は自分で決めたわけではない、日本軍に強要されたので「自決」はふさわしくない、「強制集団死」「集団死」とすべきという意見もある

投降し、米軍の上陸用船艇に向かう日本軍将兵。赤松嘉次隊長（二十五歳）らは捕虜となったあと「内地」に復員した（渡嘉敷島　昭和二十年五月）

スパイは身内にいる…県民を疑え

米軍は捕虜への聞き取り、戦場の遺留物品の精査、偵察機による撮影、無電の暗号解読などにより、昭和十九年には沖縄の日本軍の陣容・名称・指揮官の氏名などをほぼ把握していた。首里の司令部地下壕の位置や第九師団の台湾転出も知っていた。

かたや、日本は敵に複雑巧緻な海軍暗号書D、陸軍暗号書五号、外務省のレッド、パープルが解読されているなど夢にも思わず、最後まで変更しなかった。ベルリンの大使館と東京の外務省間で意図して使った早口の薩摩弁のほうが難解だったと敗戦後にわかった。

軍部は、相次ぐ敗退に困惑。その一因が作戦情報の漏洩にあると考えた。利敵行為をはたらいている者はだれか。スパイがいる。まっ先に疑われたのは、アメリカ、カナダ、オーストラリア、南米から戦時帰国した移民だった。明治以来、沖縄県は二十万人を超す移民を送り出してきた。人口比で日本最大の移民県だ。移住先の風習になじみ、英語ができる県民が大勢いる。また、共通語（標準語は基準のことばの意。言語に標準はない）を話せと教育してきたが、沖縄方言を使われては会話の内容がわからない。

このような沖縄県人への疑心暗鬼が、日本軍による様々な住民の暴行・虐殺につながった。しかし、よく知られるように読谷《よみたん》村波平では、移民の有無により生死が分かれた。チビチリガマに避難した一四〇人のうち二一家族、八三人（うち十歳以下は二九人）が「集団自決」で死亡した。* シムクガマを選んだおよそ千人は、ハワイ帰りの二人が状況を判断し周囲を説得。多数の命が救われた。

＊ひめゆりの塔に程近い糸満市米須では、住民1259人のうち735人が死亡。ひとつのムラが全滅したといっていい。

力つきた老女。塀を背に米兵が休息している

息絶えた母子にハエがたかりはじめている

鉄血勤皇隊…軍と共に生き、共に死ね

沖縄守備軍は陸海あわせて九万人。西太平洋の全兵力を結集した米軍はのべ五十四万人（うち十八万人が上陸）。戦力不足は明白で、兵役からもれた満十七歳から四十五歳までの男子二万人は「防衛隊」に編入され、戦場に狩り出された。

――それでも足りない。「軍民共生共死」のスローガンのもと、十四歳以上、いまでいえば中学生から高校生にあたる男子生徒・教職員により、「鉄血勤皇隊」が編制された。従軍看護婦と同様、志願制だったが、学校側の有言無言の圧力があり実際は徴集であった。まだ体力のない二年生以下は通信隊に配属された。しかし、電話線が破断されると銃弾の飛び交うなか復旧作業にあたった。無線が使えなくなると、戦場を駆け巡る伝令係を二人一組で担わされた。どちらかが命を落としても、ひとりが命令を伝えればといい……。

三年生以上の任務は当初、陣地構築・前線への弾薬運搬など戦闘の補助や負傷兵の後送、水汲み*であったが、中部の防衛線が破られてからは、銃剣・手榴弾をわたされて、突撃攻撃・斬り込みを余儀なくされた。実態は正規兵とかわらなかった。小柄なほうが潜り込みやすいと、大人にかわり爆薬を抱えて戦車への飛び込みを命じられた。

こうして、沖縄師範男子部（首里）、県立一中（首里）、県立二中（那覇）、県立三中（名護）、県立工業（首里）、県立農業（嘉手納《かでな》）、県立水産（那覇）、市立商工（首里）、私立開南中（那覇）、八重山中（石垣島）の一〇校、一七八〇名のうち八九〇名が戦死した。

＊沖縄戦末期、軍とともに役人も摩文仁《まぶに》に撤退。島田叡《あきら》知事（官選・兵庫県出身）は少年給仕に「君が命がけで汲んできた水で顔は洗えないなあ」と言い、同地で戦死した。

捕虜となった鉄血勤皇隊の少年（昭和20年6月）

従軍看護婦…戦場に送られる女生徒

乳飲み子がいようが老親がいようが、赤紙（戦時召集状）一枚で各戦地に動員された。勅令により、日本赤十字社の養成所出身の看護婦には、卒業後二十年間の戦地応召義務があった。非戦闘員であり、身柄の安全は国際法により保証されていたが、実際には戦火がおよぶと、兵士同様に命の危機にさらされる。大戦中は延べ三万五千名のうち、一一二〇名が満州、アジア、南洋の各地で戦没した。

沖縄戦では高等女学校の上級生や沖縄師範女子部により「従軍看護隊」が編制された。看護といえど、十代の女性を戦場で働かすことに法的根拠・拘束力はなく――法律や条令は市民の監視がなければ、ときに為政者に都合よくつくられるが時間がなく――志願制がとられた。しかし、現実には強制であった。

陸軍南風原《はえばる》病院で初歩の看護技術を速習。派遣された野戦病院*では、負傷兵はもちろん同じ唄を歌い続けるなど続出する発狂者を介護。看護婦、衛生兵は戦死し、医薬品もない。軍医にかわり麻酔をせずに焼いた裁ちバサミで傷口を開き、銃弾を取り出したりもした。また、死体の運搬・処理や傷病兵の排便、着替え、食事など身のまわりの世話もまかされた。

戦闘の合い間を縫っての「飯上げ」（炊事）も命がけだった。看護隊五八二人中、三三四人が死亡。死亡率は鉄血勤皇隊よりも高い。県立第二（白梅）、第三（名護蘭）、首里（瑞泉）、私立積徳（積徳）、私立昭和（梯梧《でいご》）の女生徒が動員され、なかでも沖縄師範女子部、第一高女のひめゆり学徒隊は二四〇名中一三六名が落命した。

＊左の写真は嘉数《かかず》台地の激戦が終わったころ、野戦病院近くで。米軍は情報提供と引き換えに挙式を提案したという。従軍牧師により執り行われた。介添えの女性はハワイの日系人通訳。

機関歩兵中隊の木村少尉と、沖縄県民の従軍看護婦・新川シズ子さん（十九歳）の結婚式（昭和二十年四月）。少尉は恋人の命を救うため、ガマに軍刀と短銃を置いて投降した

摩文仁近くの国吉台地（糸満市）で射殺された従軍看護婦（女子義勇隊）。雑嚢には手榴弾、包帯、三八式歩兵銃の銃弾が入っていた

亀甲墓…シェルターとなった墓所

墓室の屋根が亀の甲羅に似る墓は、中国福建省・浙江省一帯の習俗で、子宮を模している。死して、沖縄の人びとは母胎に回帰する。琉球王朝の士族に許された様式だったが、明治維新後は住居同様、坪数の制限が撤廃され、ひろく庶民にも解禁された。

これが幸いした。沖縄地上戦では、琉球石灰岩で覆われた、堅牢で、大きいものではワンルームマンションほどの空間は、得がたい防空壕・シェルターとなった。住民とともに日本軍が立て籠もり——「誰がお前たちの島を守っているのか」「作戦上、この場所が必要だ」と住民を追い出し、兵士だけが居座ることもままあった——米軍は火焔放射器などで攻撃。トーチカ・兵屯所と誤認した米軍の砲撃・爆撃の標的にされることもあったが、ガマ*（洞窟）とともに、多くの人びとを救ったといえる。

大城立裕の『亀甲墓《かめのこうばか》』では、「ドロロン」（艦砲射撃）を避け、亀甲墓《きっこうばか》（カミヌーク、ニービ墓とも）に逃げ込み、生き延びようとする血族の姿が活写されている。

納骨した厨子甕《ずしがめ》を亀甲墓に納める風習は健在。那覇・壺屋のやちむん（焼き物）屋の店先には、ひとかかえもある厨子甕が並ぶ。清明《しーみー》（二十四節季のひとつ。毎年四月五日ごろ）では、門中《もんちゅう》（一族）が集まり、重箱を広げ、墓の前庭で先祖供養の宴をもよおす。

一面に亀甲墓が広がる那覇の辻原墓地は独自の美をおりなし、民藝の提唱者・柳宗悦を感嘆させたが、米軍の命令により一九五一年に撤去・区画整理された。いま残っていれば、国の史跡になっていただろう。

＊沖縄本島をはじめ宮古、八重山諸島は隆起した石灰岩からなり、ガマと呼ばれる大小の洞窟があちらこちらにある。

亀甲墓を取り囲む米兵。無人が確認されると、順次、封鎖していく

最前線から五十メートルの亀甲墓で避難生活を送っていた。石室の奥に布団が積まれている

米軍は陸戦の前に、必ず砲撃、爆撃を加えて、ぐうの音も出ないほど相手を叩く。抵抗力をそいだのち、戦車を盾に歩兵隊が前進してくる。後方では重機関銃の部隊が援護する。

沖縄戦の激戦地のひとつ、嘉数《かかず》台地。地形を熟知した日本軍は、塹壕・地下陣地を相互に助け合うよう構築。平地を進む敵を背後から攻撃すべく、向き合う丘陵の両側に布陣。戦車が立ち往生する崖や谷間におびき寄せ、側面から歩兵を攻撃。戦車と歩兵を切り離そうとした。互角の戦いもここまで。ひとたび、地下陣地やガマ（洞窟）に接近*できれば、米軍はしめたもの。対戦車砲のバズーカを撃ち込み、黄燐弾や火焔放射器で炙《あぶ》り出す。主砲から火焔を放射する新型戦車も投入した。

残存者を制圧するため開口部に発煙弾を投げ込む。ガマはいくつもの室に分かれることもある。煙が漏れる穴を見つけてはガソリンを流し込み、着火する。削岩機でガマや壕の上部をこじ開け、さらにガソリンを注入する。「馬乗り攻撃」だ。

たちまちガマは焼却炉となる。一〇〇〇度の炎と熱風がなめつくす。運よく生き残った学童も大人も、手足を焼かれ骨は露出、眼球はただれ、肺は致死性の猛毒成分を吸い込み肺気腫となり、乳児、幼児の死体の山をかきわけ、なんとか這い出てきたところを狙い撃ち。

牧港《まちみなと》（西海岸）―嘉数―我如古《がねこ》―和宇慶《わうけ》（東海岸）の防衛線を突破したあとは破竹の勢い。米軍にすれば、上陸から首里の日本軍司令部の攻略戦までが主戦場で、昭和二十年五月以降は、敗残兵狩り、掃討戦に等しかった。

南部の壕やガマを「馬乗り」して、一つひとつ潰していった。

＊日本軍のお家芸は夜間、寝込みを襲う「挺身奇襲」。偽装網をかぶり1時間に60メートルの速度で芋虫のように匍匐《ほふく》前進し敵地に接近。帯剣で斬り込む。

亀甲墓の前庭に横たわる日本軍兵士

乳児の泣き声に気づいた米軍海兵隊員が母親に出てくるよう説得した

昭和十九年、戦局が緊迫し、台湾軍と同時に沖縄に第三十二軍が創設され、沖縄本島には満州から第二十四師団、中支戦線から第六十二師団、熊本から勇猛で鳴る独立混成第四十四旅団が移ってきた。第六十二師団は山西省、山東省を転戦。山西省では共産党軍と激戦を展開。戦後、市民の殺害、暴行など数多くの残虐行為が報告されている。一九九五年には日本兵に監禁され繰り返し性的暴行を加えられた同省の女性が、日本政府を提訴している。

予備役を召集し尽くした第三十二軍は十七歳から四十五歳までの男子県民を根こそぎ動員し、防衛隊を急ごしらえした。また、第六十二師団にかぎらず、地元の人びとは宿舎の提供、食糧の供出、弾薬運び・土木作業などの徴用を通して、本土の住民以上に日々、密接に日本軍とかかわってきた。

そして、中国戦線で捕虜*や「敵性市民」を拷問・処刑してきたことを常日ごろ、将兵から聞いていた。塹壕を掘る合間に、「三歳児でもスパイの子は斬り殺した」「生き残ったら女は犯され、男は股裂きに。同じ死ぬなら斬り込もう」「捕虜になれば黒人のかわりに奴隷になる」「東京の靖国神社にまつられるから安心して死ねばいい」と、繰り返し教え込まれたと証言する。因果応報。将兵は自分がしてきたことを、やり返されると信じていたのだ。

第四十四旅団も品行が芳しくなく、「焼かず、獲らず、犯さずの三原則にて徹せよ」と旅団長が自軍に訓告（昭和二十年一月）を出している。

沖縄に派遣された部隊が中国戦線帰りでなければ、統制のとれた部隊であれば、集団死や自決、斬り込み突撃を選ぶ沖縄県民はずっと少なくてすんだだろう。

＊米軍上陸後、収容所では3,000人以上の民間人がマラリアや飢餓・栄養失調で死亡した。軍政下の県内16地区の隔離施設で、最大時30万人を収容。米軍の運営能力を超えていた。

「集団自決」を回避した座間味島の人びと（昭和20年3月）

戦渦に巻き込まれ死亡した幼児

最高司令官の自決…牛島満中将と長参謀長

いよいよ米軍に追い詰められた。昭和二十年六月二十三日の夜明け前。摩文仁丘《まぶにのおか》の中腹の司令部壕で、沖縄戦の最高指揮官・牛島満中将、参謀長の長《ちょう》勇中将は、割腹自決する。長が「天岩戸《あまのいわと》戦闘司令所」と名づけた壕には、軍首脳が呼び寄せた芸者、板前、慰安婦をふくめ、約千名が寝起きしていた。

当初は壕から出て自決する予定だったが、米軍の砲弾が降りしきり、やむなく壕にもどり、宮城（皇居）を遥拝し、天皇陛下万歳を三唱。生き残りの将兵全員に日本酒とパイナップルの缶詰を渡し、「笑ってお別れをしよう」と牛島。おもむろに名刀・来国俊《らいくにとし》を腹に当てた瞬間、次級副官が軍刀で牛島の首を斬り落としたという。長は介錯をうけず、自力で果てた。

二日後の二十五日、捕虜となっていた沖縄憲兵隊の副官をつれて、米軍は現場を検分した。長は肌着の署名から本人と確認。牛島の首は見つからなかった。

牛島と長はともに九州の出身で、熊本陸軍幼年学校、陸士、陸大の先輩後輩にあたる。

捕虜になった当番兵によると、丹精込めた晩餐をふたりでとったあと一服。その後に自決したという。同じころ、ガマに避難した民間人は、夜陰にまぎれ焼け残りのイモを掘り、自分の尿をのどの渇きで泣くわが子に飲ませ、飢えをフシカブ（切干し大根）で紛らわせていた。

八原《やはら》博通大佐*は、自決直前、正装に身を整えた長に「後学のため、最期をよく見ておけよ」、牛島からは「生きて沖縄戦の全貌を大本営に伝えよ」と言われ、民間人の服装で脱出。捕虜となったが、身分がばれ一年余、拘束。事細かに日本軍の作戦を米軍に語ったという。戦後は手記を刊行している。

＊沖縄戦の「戦略持久」を立案した高級参謀。「果敢に討って出るべし」と主張した長としばしば対立した。

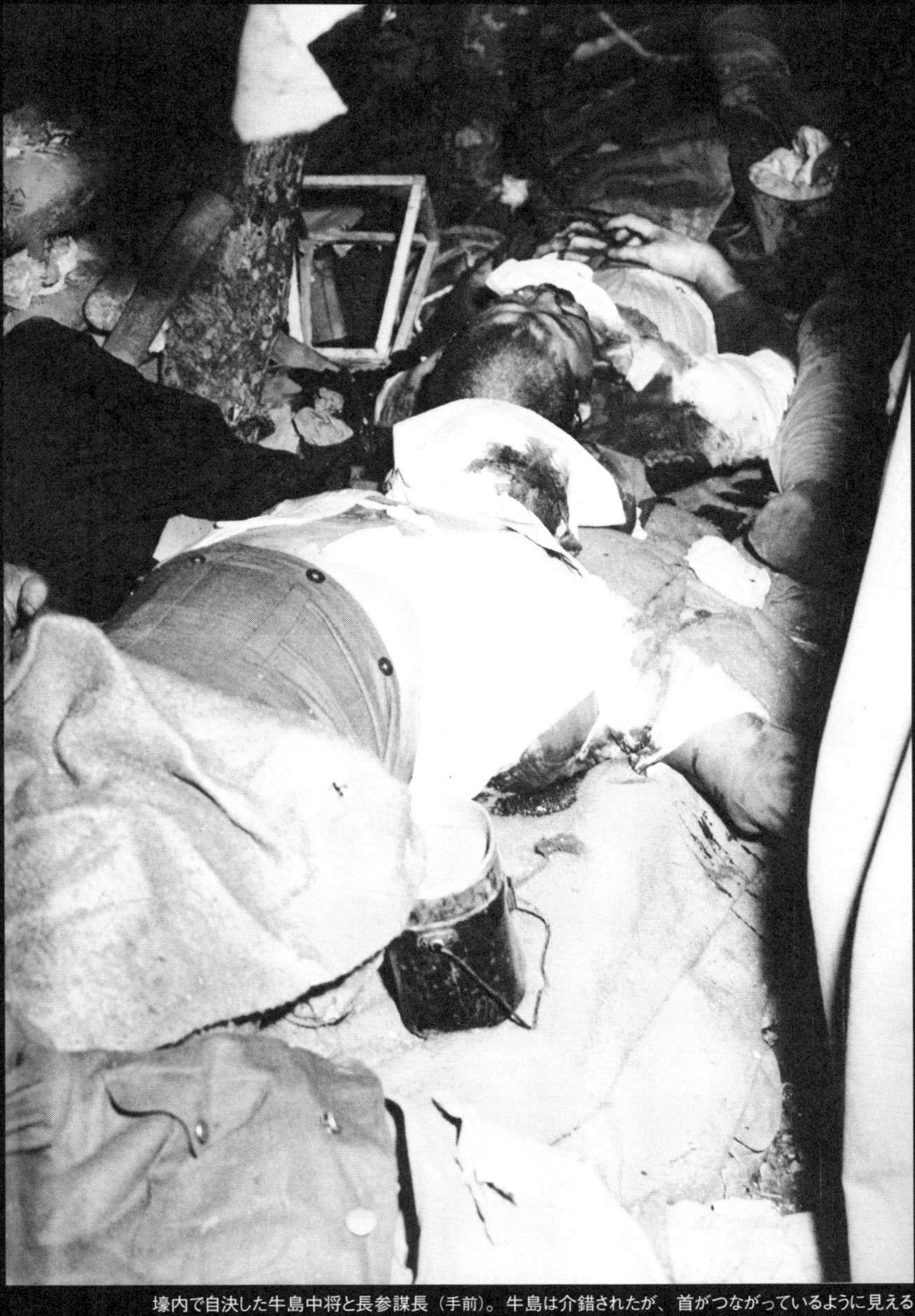

壕内で自決した牛島中将と長参謀長（手前）。牛島は介錯されたが、首がつながっているように見える

殺し、殺されの戦争では、人間の獣性が解放される。ヒトの脳は、死と生がせめぎ合う極限に耐えるように設計されていないのか。負傷したとき、血液を凝固させるコルチゾンが大量に分泌されるように、自己を保存するため、脳のどこかが壊れて、良心にふたがされるのかもしれない。

略奪と殺戮と強姦はワンセットで用意されている。命のやりとりをして手にしたものが、平和や自由や祖国の名誉で十分だ、おれは抽象的な観念で満足できる……というほど、ヒトは上等にできていない。具体的に目に見える、ほほずりし愛玩できる身体性をともなうものを欲している。

大は領土から、小は銀のスプーンまで、戦勝の成果はいろいろだ。

米軍は、「強姦した者は即時、その場で処刑」と通達していた。しかし、戦闘末期に上陸した部隊によって、陵辱は本島中北部でとみに頻発した。被害者は逃げまどう避難民に多く、「一万人以上の女性が強姦された」(ジョージ・ファイファー　東アジア史研究家)という推測もある。

「くろんぼガマ事件」は住民が自衛に出た例だ。旧勝山村(名護市)で、毎週のように女性を襲いにくる海兵隊の一群がいた。昭和二十年六月、たまりかねた村民は三人の黒人兵を殺害、ガマに隠した。郷土誌『勝山誌』(一九七八年刊行)で初めて明らかになり、駐留米軍が現地を調査。通称「くろんぼガマ」の底から三人の遺骨を発見した。すでに時効が成立しており、沖縄県警は立件していない。

紅型《んがた》と軍刀を手にする米兵

戦時下の沖縄では、豚は飼育が登録制になるほど大切な家畜だった

古来、沖縄には「殺人」にあたる単語がなかったという。豚、山羊、牛を屠《ほふ》るときは「クルセー」（殺せ）だが、人に対して「クルセー」は「やっつけろ」「いてこませ」ほどの意味で用いた。ひとの命を奪うという観念に乏しかった。

ヤマト*では床の間に太刀や鎧かぶとを、沖縄では三線《さんしん》などの楽器をかざると大田昌秀（元沖縄県知事・社会学者）は言う。沖縄が発祥の空手も、武器は用いない。先手はなく、攻撃をうけての防御から発達した。

明治政府による琉球処分でも、尚王家は使節を東京に派遣し、伝統の善隣外交のさまたげになると、軍隊の駐留に強く反対した。

勇ましい「ヤマトぶり」は、なかなか沖縄の人びとには浸透しないようだ。二〇一五年春、辺野古のキャンプ・シュワブでのこと。デモ隊に地元の愛国団体の街宣車が接近してきた。罵詈雑言を大音声で浴びると身構えたら、「いいね、のんびりデモできて。みんな暮らしに余裕あるねえ」と拡声器でささやく。デモ隊は「年金つぎ込んでやってるさー」とやりかえす。

沖縄の人びとは、自分の体を客観視する。たとえば、転んで膝を打ったとき、「かわいそうに、ごめんね」と膝に謝り、自分の一部であっても、外部・カミから与えられ、独立したもののように尊重する。魂《まぶい》の器として大切にしているのだ。

守礼の国の人びとは「嫌いな人にこそ挨拶せよ」と教わってきた。賤視される人びともヤマトよりはるかに少なく、被差別部落はない。戦争や軍事基地は、尚武や階級区分に価値を置かない沖縄人、ウチナンチューのエトスに、心底なじまないものだろう。

＊沖縄の人びとは、しばしば日本本土、「内地」をヤマトという。

一カ所に集められ、米軍の指示をまつ人びと

装甲車を背後に、三線に興じる米軍兵士たち

本土防衛の捨て石…三重の大失策

米軍は本土の「帝都」を制圧しないと、日本の降伏はないと判断。本土上陸の基点確保のため、沖縄を占領するアイスバーグ（氷山）作戦を立案した。沖縄をわがものにすれば、ほぼ日本全土が爆撃機の航続圏に収まる。南方からの物資の輸送路も遮断できる。

一方、軍部にとり沖縄戦は時間稼ぎの場だった。「本土決戦」の準備をしたい。松代（長野県）に天皇皇后と三種の神器を移すための壕＝臨時の御所も設けなければならない。国体（天皇制）護持と「皇土保衛」のため、一日でも長く米軍の主力を沖縄に留めておく。そのため持久戦を採用。内陸部に敵を引き入れ反攻する作戦をとった。これにより県民の犠牲者は増した。上陸時に迎撃する水際応戦をとらなかったのが第一の失策。

第二の失策は、北部・山原《やんばる》方面への脱出ルートを確保しないまま、防衛線を南に置いたこと。中部の北・中・伊江島の飛行場*を放棄し、主力を狭隘な南部に配置。地下陣地を構築し、主力が拠点とする南部をめざし、敗走する兵らと共に人びとも移動。軍民が入り乱れる戦場となった。

最大の失策は、首里の陥落時に降伏しなかったこと。首里放棄の時点での終結を米軍は予想していた。司令部は壊滅。しかし戦闘は持続。こうして五十万県民（約八万は九州・台湾など県外に事前に疎開）のうち、十二万人が悲運の死をとげた。近代軍事学では三割の戦死者で「全滅」扱い。三割以上の負傷者、疾病者がいるからだ。——だが、これらの失策は「寸地残る限り、後退善戦すべし」という大本営の意向には沿っていた。

*日本軍が朝鮮人軍夫、地元民を徴用して建設。三飛行場のうち北は読谷村に返還されたが、中は米軍最大の海外基地・嘉手納、伊江島は米軍補助飛行場となっている。

戦車に飛び込む「肉攻」を命じられ、敵弾に倒れた鉄血勤皇隊員と思われる少年兵。爆薬を背負っている

壕を包囲され、脱出用の穴を穿《うが》ち、地上に出たところを拘束された兵士と鉄血勤皇隊員

迫撃砲の陣地に夜襲をかけ、射殺された日本人兵士（沖縄）

戦場では幼い者から犠牲になっていく。
壕では泣き止まぬ赤ちゃんの首を母親が紐で絞めて殺すこともあった（沖縄）

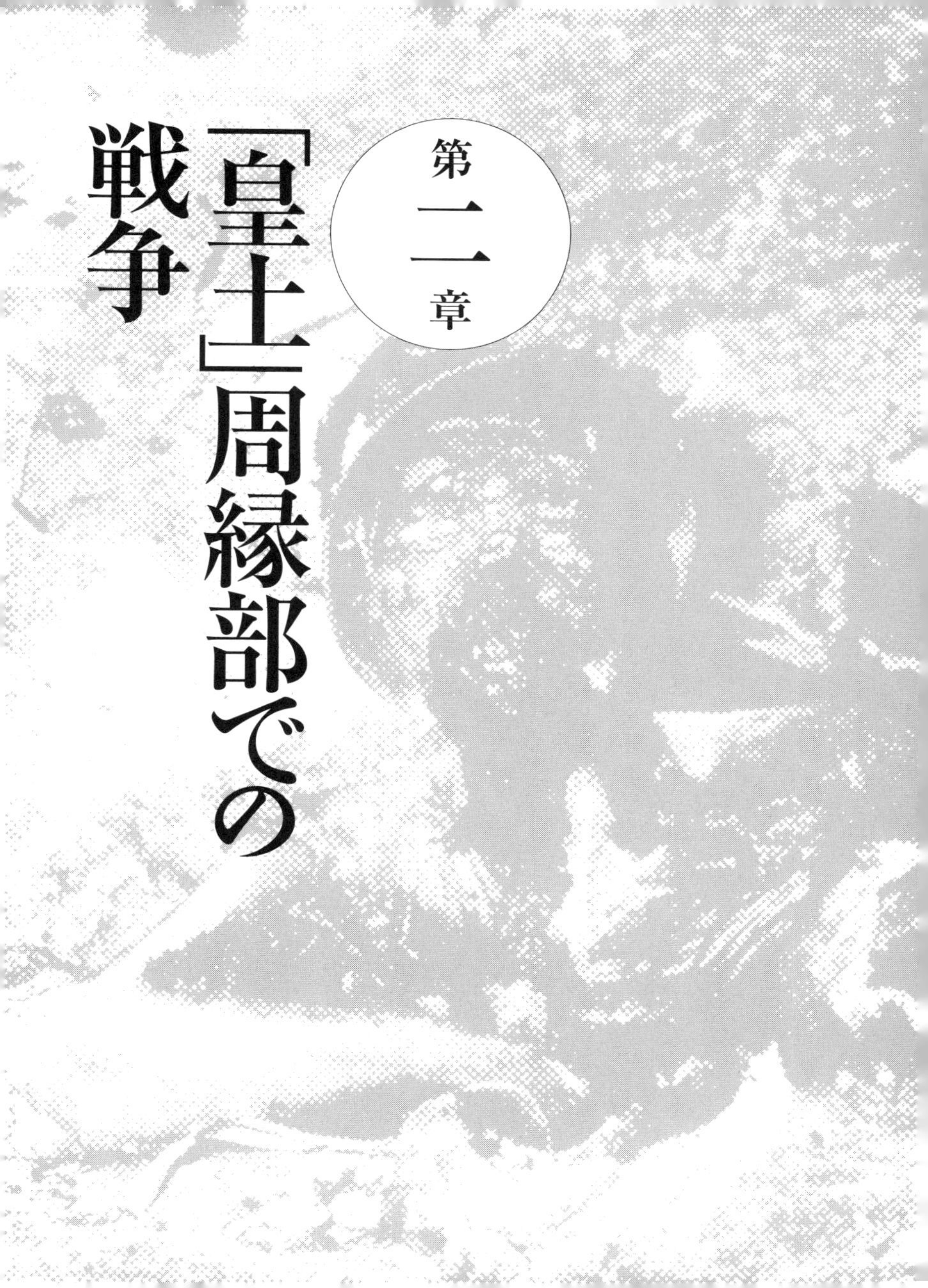

第二章

「皇土」周縁部での戦争

重慶への無差別都市爆撃…広島・長崎の先触れ

九六式陸攻機が編隊を組み、東シナ海を横断し中国本土を攻撃。無着陸、無給油でふたたび大村基地（長崎県）や済州島、台湾の基地にもどる。この片道四時間の「渡洋攻撃」を、皇軍の一大壮挙とメディアは報じ、人びとは「国威発揚」に喝采を送った。

戦線が延びるに従い、同様の長距離爆撃は中国に基地を確保してからも続けられた。昭和十三年、日本陸海軍の航空部隊は、中華民国の臨時首都・重慶へ、無差別爆撃を開始。昭和十八年までの五年間に二一八回以上もの空爆を加えた。

軍事施設を狙った限定的な空爆とされるが、照準精度が低く、高度五千メートルからの爆撃は、事実上、民間人を巻き添えにする無差別殺虐となった。

昭和十四年五月の海軍の単独攻撃では、二日間で死者三九九一人、損壊家屋四八八八に達し、ドイツ軍のスペイン・ゲルニカ爆撃（一九三七年）を上回る被害をもたらし、国民党政権は一時、戦意を喪失した。

米英が重慶に大使館を置いており、連合国の駐在武官・軍事顧問団は、無差別爆撃の効果の大きさに注目した。いかに一般市民に打撃を与えているか、その詳細を本国政府に打電。後年の日本本土への無差別爆撃、広島・長崎の原爆投下の導線となったという。

非人道的な空爆であったが、日本軍の将兵が戦犯として訴追されることはなかった。重慶爆撃の当事者を裁けば、本土各都市の空襲、広島・長崎の原爆投下の関係者も同等に扱わなければならない。そうした事態を避けたのだろう。

長江と嘉陵江が合流する天然の要害・重慶。十八梯街の民間の犠牲者。
市外に船で搬出するため、防空壕から集められた死体と作家・早乙女貢は推測している

「台湾の京都」台南に二〇一三年、林百貨店が再開店した。地元企業「高青時尚開発」が一九八〇年代から放置されていた建物を、昔のままに復元。懐古調でモダンな空間・商品構成が好評で、台南を代表する人気スポットになっている。

日本統治下の昭和七年、山口県出身の商人・林方一が創業した。繁華街のランドマークとなる五階建て。開業当時は呉服、洋服、化粧品、寝具、玩具から和洋菓子、宝飾品まで扱い、大食堂、喫茶室、エレベーターをそなえた南台湾最大の近代的百貨店。地元市民は親しみを込めて「五桟楼仔《ウーヂャンロウズー》」と呼んだ。

二十年二月、米軍機はこの月、五回にわたり台南を空襲。目抜き通り、末広町（現・忠義路）の林百貨店も被弾。外壁や床を損傷した。

沖縄戦の陰に隠れているが、台湾は日本本土侵攻のための戦略基点で、たびたび空襲をうけている。グアムから飛び石づたいに攻め上がった米軍は、台湾には上陸せず、次の拠点に沖縄を選んだ。

屋上には鳥居が欠損しままの「末広社」があり、壁の機銃掃射の銃痕もそのまま残されている。それらを取り囲む買い物客。百貨店が歴史の証人の役目をはたしている。

大阪の南船場・堀江、東京のウラ原宿にあたるのだろう、若者のまち・府中街にも、弾痕のなまなましい壁が保存され、説明板が由来を伝えている。

戦災も震災も不快なものだから、忘れてしまいたい。それが世の常だ。しかし、台南の人びとは、酸いも甘いも都市の記憶であることを知っている。

屋上の末広社

台南・林百貨店。
設計は東京帝大建築科出身で台湾総督府技師の井出薫。
中正路に面して百貨店付属の住宅付き店舗も建てられた

機銃掃射の弾痕（林百貨店）

隆起サンゴ礁からなるウェーク島。グアムとハワイの中間に浮かぶ中部太平洋の要衝を、昭和十六年に米軍を撃退し日本軍が占領、大鳥島《おおとりじま》と改名した。

十八年、米軍が猛空爆で反攻。相次ぐ輸送船の撃沈で兵站が途絶え、潜水艦による補給もままならず食糧が尽きた。一日の支給は乾パン五個、カツオ節の粉が匙《さじ》に一杯。あとは、海鳥、野ネズミを捕まえ、ボサと呼ばれる灌木の芽やヤドカリを煮る。特殊艇で比較的元気な兵が漁に出た。落ち葉をかき集め腐葉土をつくり、小松菜、インゲンのタネを蒔いた。

守備部隊四千名。戦没者千三百名のうち、餓死者は千名に及ぶ。島の動植物を食いつくし、飢餓の島・ガダルカナルの生還者として「草木が繁茂していただけ、ガ島のほうがまだ良かった」と言わしめた。

栄養失調の将兵たちは歩行も困難で、ふらふらになりながら戦友の亡き骸を運搬。島北部の平坦な砂地を「集団墓地」にして埋葬。東西冷戦の終結まで、米軍の空軍基地があったため、そのままになっていた。

米軍の許可が下り、一九七八年、日本政府による遺骨収集が実施され、筆者も参加した。深く埋める余力がなかったのだろう。三十センチも掘ると、つぎつぎと遺骨が姿を現した。遺骨は骨格標本のようで、みな同じに見えた。しかし、遺留品には個性があった。万年筆、ベルトのバックル、ホウロウの食器、セルロイドの眼鏡、印鑑、ガラス板に焼き付けられた高峰三枝子のブロマイド……。

珊瑚礁からなる島で、全島が小石と砂のみ。石がなかったので
大日本麦酒の瓶を墓標とした。どの遺体も、北枕で整然と埋葬されていた

属島のピール島（羽島）で七八六柱の遺骨を焼骨する

米軍に奪われた沖縄・北飛行場、中飛行場。陸軍大本営は、サイパンのアスリート飛行場と同様にB29の出撃基地となり、さらに本土空襲が激化することを恐れた。

そこで「義号作戦」と呼ばれる奇策を立てる。夜陰に乗じて両飛行場へ強制着陸し、滑走路・軍用機を破壊すべし。

空挺隊員を主体に、陸軍中野学校出身の一〇名をふくむ一三六名で編成。夜襲用の墨染めの迷彩服に、軍刀、手投げ爆雷、拳銃、短小銃、軽機関砲、爆発缶を携行。大型機は爆薬で破壊、小型機は手榴弾で爆破、さらに通信施設、資材倉庫の炎上を狙う奇襲作戦だった。

昭和二十年五月、熊本・健軍飛行場から九七式重爆撃機一二機が発進。エンジンの不調で四機は途中で帰投。八機が夜十時に飛行場上空に達した。そのうち七機が対空砲火を浴び墜落。ただ一機が脚を出さず、胴体着陸に成功した。四番機（指揮・原田宣章少尉　操縦・町田一郎中尉）だ。一四名の兵士が飛び出した。

米軍の報告書には〈フットボールのチームのように訓練された完全武装の兵が手榴弾を投擲。輸送機四機、爆撃機一機、戦闘機二機が破壊され、燃料タンクが炎上。ドラム缶六百本を焼失した〉とある。

銃撃戦は二時間にわたった。

義号作戦では日本軍九九名、米軍二名が死亡。義烈隊員とみられる、敵陣をかいくぐった一名が翌日、残波岬で射殺された。

出撃前、激励をうける義烈空挺隊員

中飛行場を強襲した四番機の義烈空挺隊員

硫黄島…米飛行兵の命を救う「巨大な空母」

開戦当時、ソ連は第二次五ヵ年計画の途上で、鉄鋼や石油の生産力は日本より低く、国力は充実していなかった。アメリカの航空機・艦船は、日本の最新のものより性能が劣っているものが多かった。とりわけ、開発の途上で急遽、やむなく実戦に投入されたB29は、エンジンや位置表示装置の故障など、事故が多発。搭乗員の練度も不十分だった。

小笠原諸島の硫黄島は、マリアナ諸島と日本本土の中間に位置する。

B29による東京初空襲からの三十日間で、米軍は同機を百五十機、搭乗員を八九一名、失っていた。高射砲や迎撃機による被弾で墜落した機もあったが、大半の機はさまざまなトラブルで、天候観測機や救援機をつけても、グアム島・テニアン島の米軍基地に帰還できなかった。

また、これらマリアナ諸島の基地を飛び立つB29の編隊に、航続距離の短い護衛機は随伴できなかった。しかし東京から千二百キロの硫黄島では、十分に可能となる。これにより、B29の搭乗員の生還率は飛躍的に高まった。

硫黄島に緊急着陸したB29は二千四百機。二万七千人の搭乗員が死地から救われた。硫黄島での米軍の戦死者は六八二一名。そこまでしても、飛行機の性能が向上するまで硫黄島がほしかった。

緒戦の日本軍の優勢は、兵器の差がもたらしたともいえる。昭和十七年以降、米軍の兵器は目を見張る早さで改良、量産されていく。太平洋戦争の誤算は、初期のわずかなタイムラグを、しばらく、いや永遠につづくと楽観・妄信したことにも始まっている。

第二章 「皇土」周縁部での戦争

焼かれた日本軍兵士（硫黄島　昭和20年2月）。
沖縄戦同様、地下に巡らした壕に待機し、暫時、出撃する持久戦をとった

昭和前期から製糖業、カツオ節の製造が盛んだったサイパンは、「海の満鉄」南洋興発の一大拠点で、最盛期には、沖縄県人を主として三万超の日本人が在住。中継貿易で栄えた中心地・ガラパンの街は「南洋の大阪」と呼ばれた。先住民族のチャモロ人、カナカ人は四千人ほど。九州の二千五百キロ先にある「日本人の島」だった。

サイパン、台湾、沖縄と順を追って米軍が本土に迫るとみた日本軍当局は、昭和十九年二月の初空襲後、島民に内地引き揚げの指令を出した。第一陣は婦女子と六十歳以上の高齢者。青年壮年の男子は残留し、戦闘要員となった。三月、一七〇〇名を乗せ二隻が出航。農民、商家の家族が多く乗った老朽船のさんとす丸は日本に到着した。公官庁の役人の家族に割りふられた快速豪華客船の亜米利加《アメリカ》丸は硫黄島沖で米潜水艦により撃沈され、女性二名のみが生存。五月、再び軍部は千代丸を派遣したが、島にいるほうが賢明と住民は判断し、乗船者は一七〇人に。しかし、同船も途中で米軍に迎撃され沈没した。生存者は四二名。

もう本土に引き揚げようとする住民はいなかった。また、日本には差し向ける引き揚げ船もなかった。

六月、米軍上陸。日本軍は山岳部に撤退——追い詰められ、多数の農民が、少年が、赤ちゃんをかかえた母親が、天皇陛下万歳、大日本帝国万歳を叫びながら断崖から飛び降りて自決。一般市民二万人が軍とともに玉砕（全滅）した。いまもバンザイクリフ、スーサイド（自殺）クリフの地名が残る。

壕内で息絶えた母子。沖縄県からのサトウキビ移民が多く、サイパンでは県人二万二千人が戦死、自決した（昭和十九年六月）

ブルドーザーで処理される日本軍兵士と民間人

米軍上陸後、1ヵ月間、組織的抵抗がつづいた。
汀に倒れる日本軍兵士（昭和19年7月）

玉砕した日本兵。「玉砕」は、全滅の意。惨敗を糊塗し、
国民の士気を維持したい軍部が発案した
（いずれもサイパン島）

第三章

不都合な戦争の真実

紀州の山里に暮らす倉本宣男さん（大正十四年生まれ。三重県紀和町）は、十六歳のとき、海軍飛行予科練習生に志願した。予科練*は昭和四年十二月に制度ができ、初期は小学校高等科卒業生から採用した。当時の少年、とくに次男、三男にとって、軍隊に行くのは当たり前のこと。志願するのに、特別な理由はなかったという。

厳しい身体検査、学力テスト、適性考査を経て、土浦海軍航空隊に入隊。特別攻撃隊・御盾隊の偵察通信要員となる。

一人前の飛行機乗りになる前に、第三次丹作戦が発令された。九州・鹿屋基地から千七百キロ離れたカロリン諸島沖の米艦船に体当たりせよとの指示を受ける。昭和二十年五月、三人乗りの爆撃機「銀河」に乗り組み、出撃。後部座席で電信員と機銃射手を任された。兵士は生きて闘うのが役目だから、死を前提とする「必死」や「決死」の作戦は本来、許されない。

沖ノ鳥島の上空で積乱雲に巻き込まれた。二四機の編隊はばらばらとなる。隊長の英断で引き返し、二十歳の青年は一命をとりとめた。

倉本さんは特攻要員に志願した覚えがないという。上官からの命令で特攻機に乗り組んだと明言する。

——特攻隊はかならずしも志願制ではなかった。

これらのことは、倉本さんと親交のある作家・中田重顕さんに教わった。

*教程は2年。実戦を支えてきた予科練出身者の多くは昭和17年までに入隊した人びとで、戦死率は80%を超える。

子犬と人形を胸にする特攻隊員

斬り込み突撃…戦闘から食糧確保へ

昭和天皇の信頼が厚いことを自認する東条英機。陸相をかねる首相は〈竹槍では間に合わぬ。飛行機だ、海洋飛行機だ〉（昭和十九年二月）の記事に激怒。毎日新聞を発禁処分にし、執筆した三十七歳の弱視の記者を陸軍二等兵で召集した。*また、しばしば「物資には限りがあるが精神力は無限」と演説。「精神の武装」を訴えた。その精神力をもっとも求められたのは、斬り込み突撃だろう。

『歩兵操典』では「白兵突撃」が主戦法とされている。「肉攻」だ。

この肉攻も、かつては火力で敵陣地を叩いてから突撃する正攻法であったが、火器が十分にない戦争末期には、生きて帰れぬ奇襲作戦に多用された。

有刺鉄線で囲われ、軍用犬が放たれ、照明塔・重機関銃・地雷・集音器で守備する敵陣に、九九式小銃や明治三十八年以来の制式銃・三八式歩兵銃に銃刀を着装して突入していく……。いや、銃は推奨されなかった。ベストは「三名から五名の組、各人が槍（小銃は重く不便）、手榴弾二から三個　爆雷一から二個」（『戦訓特報第48号』）と、大本営陸軍部は小銃ではなく、槍の携行を指示している。土一揆さながらだ。

野営地への夜間の斬り込みは、相手を不安にさせる神経戦の効果もあった。事実、精神に傷をうけ、戦意薄弱となる兵士が続出し、米軍は手を焼いた。

しかし、大戦の後半、兵站が絶たれた戦線では、「玉砕」や、敵陣地に保管された物資——携行食糧、医薬品、テントやマッチの奪取のために、目的が変質していった。

*海軍は記者を擁護。なぜ記者だけを召集するのかと批判。陸軍は辻褄合わせで同年代で未就役の250名を召集。記者は3ヵ月で除隊。とばっちりで召集の中年新兵全員が硫黄島で戦死した。

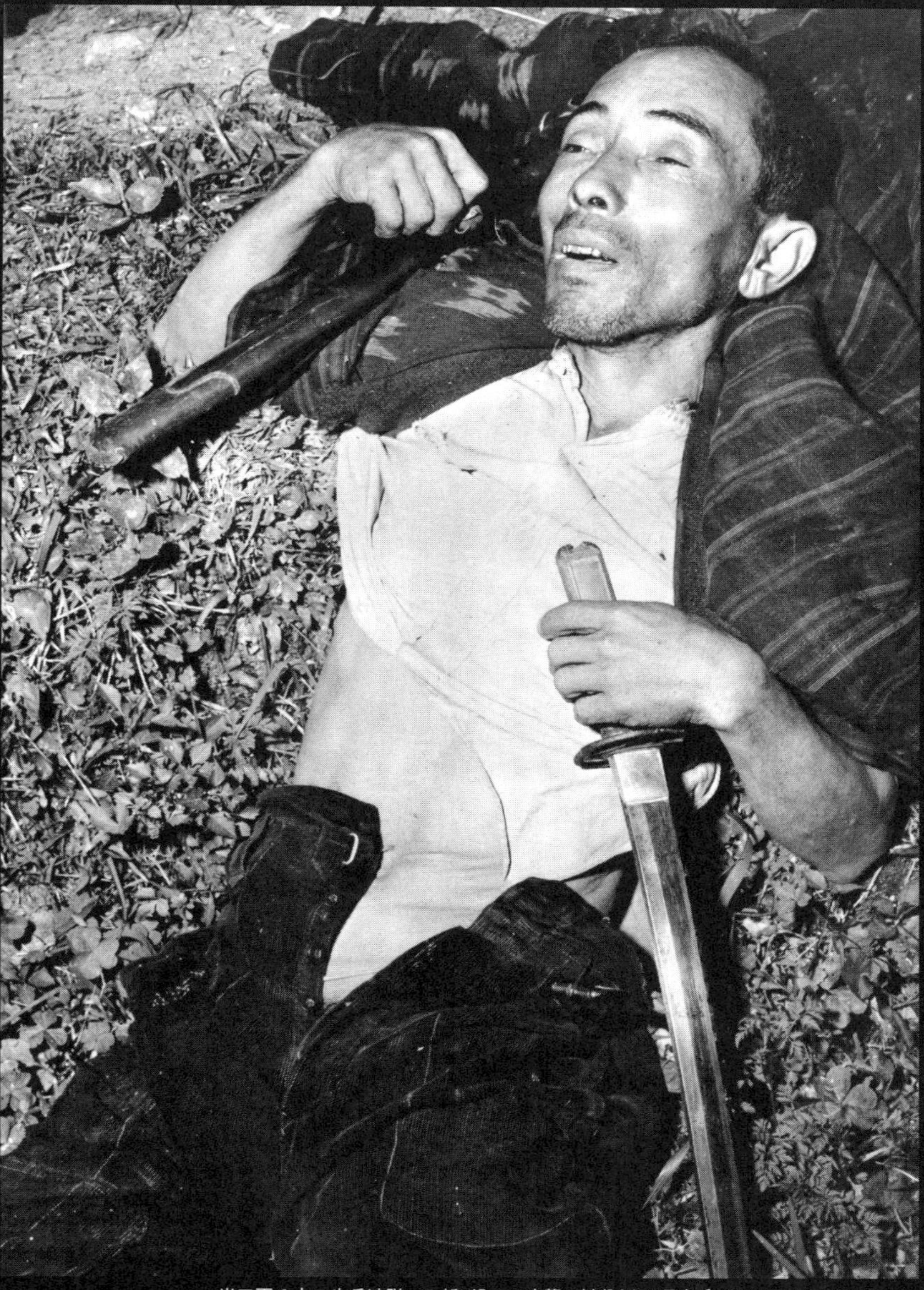

米三百八十二歩兵連隊への斬り込みの夜襲で射殺された日本兵（沖縄　昭和20年4月5日）。
軍服ではなく、着物を着ている

捕虜になった日本兵は…戦陣訓に足らなかったこと

「生きて俘囚の辱めを受けず」。軍人勅諭に次いで重視された戦陣訓*は、どこまで帝国軍人をしばったのであろうか。山本武利氏（歴史学者）による捕虜の研究は興味深い。

――捕虜は貴重な情報源だ。米陸軍の報告書『ガダルカナルにおける情報戦術』によれば、日本兵は三段階で態度を変えていく。拘束初日の第一段階では、暴行や拷問、処刑を心配し、ウソだらけの情報を話す。二十四時間から四十八時間後の第二段階では、取り扱いが思ったより丁重で、食事や散髪、寝具・石鹸・タオルなどの提供に驚き、感謝する。ひとたび好意をもつと、積極的に尋問に答える。この時期に得られる情報がもっとも確度が高い。十日から半月後の第三段階になると好待遇になれ、いい加減な話をしだす……。

大正期から日本人は、映画、車、音楽、電化製品を通じて、アメリカ文明に親しんでいた。母国への帰還に恐怖を感じ、米国、豪州への移住を希望する者もいた。

共通して、本名、原隊名を明かすことを拒んだ。祖国に捕虜になったことが伝わると、肉親に累が及ぶと心配したからだ。日本国内の基地の所在や陣容などの情報が爆撃の精度をあげ、結果として多くの市民の命を救うという説諭に、沈黙のあと、雄弁に語り出す将校もいた。こうした日本兵への説得技術は、全軍で共有、マニュアル化されていた。

米軍は、どうか。捕虜になったら氏名、階級、原隊以外は答えるなと徹底していた。かたや日本軍は、捕虜になる前に自決せよというばかり。捕虜となったとき、どうすべきか、事後の教育が欠如していた。

＊東条英機が陸相当時に全軍に示達した。陸軍では奉読が習慣の部隊もあったが、ひたすら奮戦せよと精神主義の空疎な言葉がつづき、海軍では軽視するむきもあった。

撃たないでくれと嘆願する日本兵
（ニューギニア　昭和19年）

ルソン島の日本兵（昭和20年3月）。日本兵は日記
身分証、認識票、将校は作戦用務要綱を常に
携帯していた。これらが米英豪の貴重な情報源となった

残飯捨て場で、脚に被弾し、応急処置をうける日本兵。サイパンの隣島テニアンでは
米軍の残飯捨て場に、夜間、日本兵が食糧を求め現れた。そこを狙われた

米軍は、日本軍兵士の奇策奇襲を警戒した。

米軍の兵士向け冊子は、①降伏したふり　②負傷・死んだふり　③友軍兵士や民間人、現地人、日系米人のふり、に最大限の注意をはらうように呼びかけている。

戦場にフェアプレーはない。

降伏を装って近づき、隠し持った手榴弾を鉄かぶとに打ちつけ起爆させ、米兵を巻き添えにする。死体の下にもぐり込み、戦死を装いながら短銃で反攻する。激しい銃撃の応酬のあと、白旗をあげてトーチカから出る。捕捉するため米兵が身を起こすと、トーチカ内から別の兵士が発砲する。民間人を装い、また捕虜にまぎれ、敵軍の情勢をさぐる……。女物の衣類を着用して陣地間を移動することもあった。

真に降伏したいのか、降伏を装っているだけなのか。米軍は悩みつづけた。

日本兵捕虜に説得係を要請し、立て籠もる壕に近づき、マイクで降伏するように呼びかけると、その日本兵をどこからか狙撃して殺してしまう……。

もっとも安全な対応策は、降伏の意志表示をする兵士全員をその場ですばやく殺すこと。

だが、それでは敵の情報がとれない。

そこで、米軍は降伏する際、まる裸にさせた。通訳がいないときは、身ぶり手ぶりで鉄かぶと、帽子、軍服上下、靴を脱ぎ、すべての装備を捨てるよう、強い口調で伝えた。

ふんどし一丁で降伏。
司令部から姿を現した兵士（昭和十八年十一月　中部太平洋ナムル島）。
同島には現在、米軍の「ロナルド・レーガン弾道ミサイル試験場」が置かれている

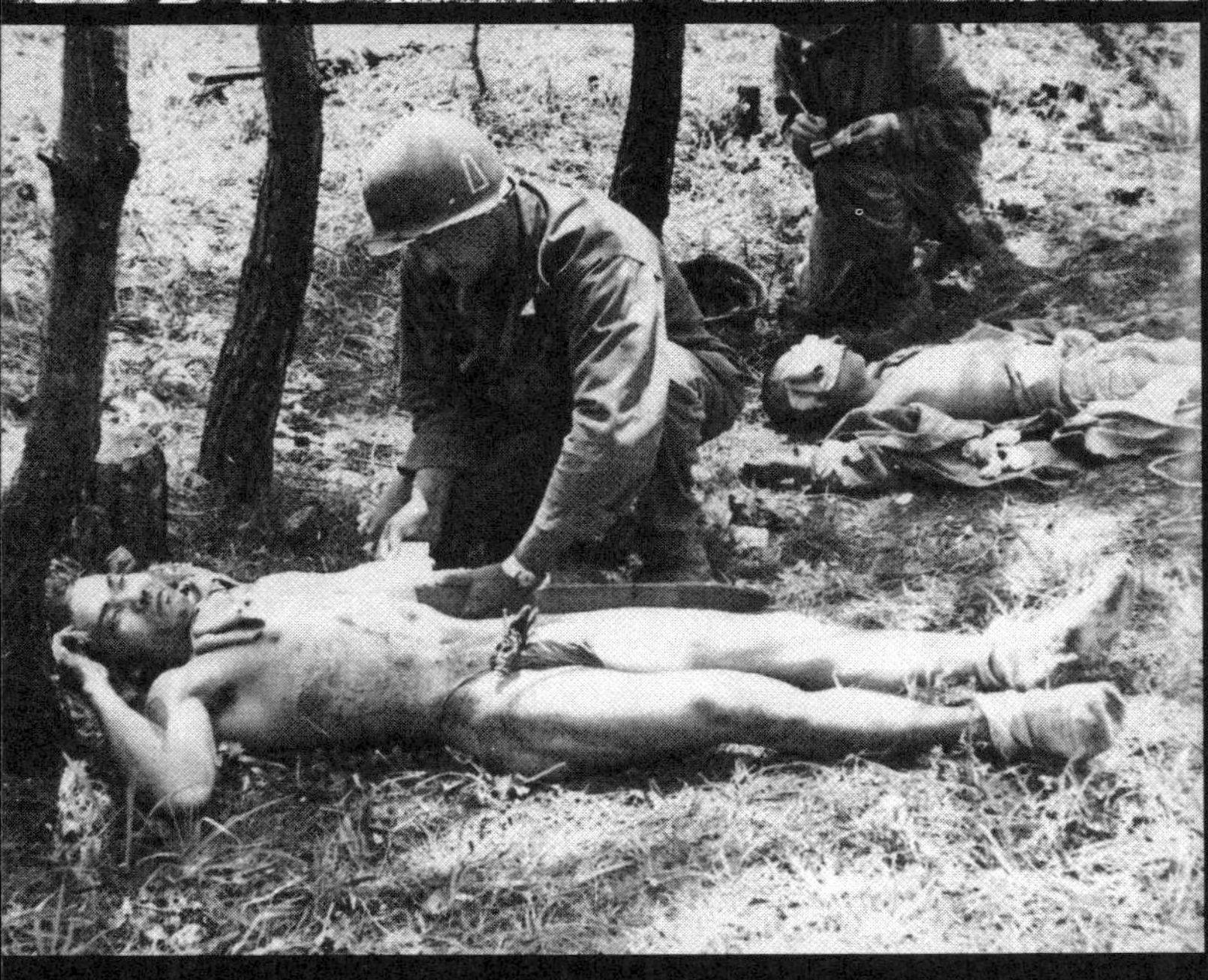

兵士の死体を検分する米兵（沖縄）

「わら人形に拠る偽騙《ぎへん》は極めて有効なり」（大本営陸軍部『戦訓特報第44号』）。

戦争は、恋愛や就職活動にも似ている。だまし、だまされ、だ。

火山岩のブロックを積み上げてつくった戦車（硫黄島）、木製の対空砲にわら人形の砲手（沖縄）、模造のサーチライト（サイパン）にトーチカ（パラオ）……。

劣勢に置かれた日本軍は、精力的に現地で入手可能な材料を用いて、ダミーの兵器、陣地をこしらえた。火力を浪費させ、兵士を攪乱させ、司令部に誤った作戦をとらせるためだ。

その創意工夫は、物量面で圧倒された太平洋戦線で顕著といえる。

ときに効果はあがり、「偽陣地の価値は大、我が軍の欺瞞《ぎまん》（偽地雷、偽人形）は巧妙で敵はこれに拘束されている」（『同第173号』）と沖縄守備隊は記録している。

南北朝時代、楠木正成は千早城の戦いでカカシを用いた。戦国時代には、補給路を絶たれた籠城勢が、水が十分にあると見せかけるため、米麦を枯れた滝に流したり、馬に白米を浴びせ洗馬を装った白米伝説を想起させる。

偽装ではないが、撤退した日本軍陣地のトイレの糞便の量から、米軍は日本軍の人員を過大に予測。実勢以上の爆撃を加えられた例が、南洋諸島にはある。米食中心の日本人の便は繊維分が多く、西洋人には大人数に見えるらしい。たしかに「糞」は「米が異なる」と書く。

逆に貧弱に見せて油断させ、おびき寄せる陽動作戦もある。

勝たなくてもいい。生き残ればいい。擬装兵器は、そうささやいているようにも映る。

竹のムシロでこしらえた囮《おとり》の飛行機（陸軍嘉手納飛行場）

犠牲となった住民を前にニセの砲座を見やる米兵（沖縄）。丸太と隆起サンゴでこしらえている。南洋諸島では砲身にヤシの幹を使った（昭和二十年六月）

敵機来襲…タコあげで防戦

――大戦末期。九十九里浜は、相模湾とならび米軍上陸の有力な候補地だった。事実、米軍は昭和二十年八月に日本が降伏しなければ、十月に南九州に上陸するオリンピック作戦、翌二十一年春には関東に侵攻するコロネット作戦を決定していた。

そのころ、千葉の木更津海軍航空基地では、南北四キロの滑走路のあちらこちらから、紙のタコがあがっていた。艦載機グラマンの襲撃をさける窮余の一策だ。

グラマンは地上十メートルまで急降下しては、水平に機体を保ちロケット弾を発射し、機銃掃射する。しばしば、操縦士の笑う顔を見たなどの目撃談を聞くが、この距離なら当然だろう。

急降下したあとは、一時、水平飛行しないと上昇できない。そのとき、タコがプロペラにからむと回転がにぶり、墜落する。

同年初夏。木更津基地には、すでに一機の飛行機もなかった。それでも、紙のタコをあげつづけていたため、航空廠と基地施設は守られた。

タコで帝都周辺の海軍基地が守られているなど、知られてはいけないことだった。しかし、周辺の住民はタコがあがると、グラマンの来襲があるぞと、逃げる準備に入る。タコで邪魔をされたグラマンは、基地のまわりの農家を襲った。ロケット弾がわらぶきの家々を燃やし、幼児に覆いかぶさる母親を機銃掃射した。

レーダー網は未整備のまま。魚網などを積み漁船を装い、米編隊の数、機種、方向を軍に連絡する監視艇が洋上に配置された。近海の漁船も掃射をうけ、死者が続出した。

爆撃をうける横浜市街（昭和二十年五月二十九日）。
B29が五〇七機、P51が一〇一機という米の大編隊に対して、
厚木基地から迎撃に飛び立ったのはゼロ戦八機、雷電三機

「東京大空襲」にさきがけ、無差別爆撃の予行演習として、
港湾都市・工業都市の神戸が選ばれた。大小一二八回の空襲をうけ、
昭和二十年六月の時点で市街地の五六%を焼失した

日本人は米食民族といわれてきた。しかし、実際はコメの常食を熱望する民族といったほうが正しい。イモ、アワ、ヒエ、キビ、マメ、ムギを食べながら、いつの日かコメだけで胃を満たすことを古代から夢みてきた。

日本の庶民が常時、コメを口にできるようになったのは昭和になってから。大正期に、日清・日露戦争で植民地となった朝鮮・台湾でコメが増産され、外米が移入されて、劇的に食糧事情が改善した――朝鮮・台湾の人びとは苦しくなった。開戦前年の昭和十四年には、国内消費量の二割を外米が占めるようになる。軍隊に入って初めて、腹いっぱいコメを食べた。そういう青年も珍しくなかった。兵隊になれば一日三食、飯が食える。この事実は、裕福ではない層の青少年を大いに魅了した。

だからこそ、日本軍は米食にこだわった。重く運搬が大変で、炊事に手間がかかるコメに固執した。国民に南京米を回しても、兵士にはジャポニカ米を食わせたかった。野菜は乾燥させ、味噌・醤油は粉末にしても、コメは極力、加工しないまま。銃後の内地では「興亜パン」*（海草、魚粉、大豆の粉をまぜた蒸しパン）の日をもうけたり、あらゆる工夫で「節米」に協力、軍隊にまわした。

玉砕したパラオ諸島。遺留品の手帳には、食べたい料理が書き記されている。おはぎ、カレーライス、カツ丼、寿司、混ぜご飯……。絶命の寸前まで、多くの日本兵の脳裏には炊きたてのご飯が浮かんでいたことだろう。

＊稲のワラを粉末にして芋のツル、小麦粉とまぜた瑞穂《みずほ》パンは「決戦食」のひとつ。

闇市で雑炊をすする（東京・浅草　昭和13年）

マントウを体に巻きつけた中国兵捕虜（山西省　昭和16年）

節米に協力するデパートの食堂（大阪・心斎橋そごう　昭和15年）

陸軍の役目は戦うばかりではない。予算、規模ともに、日本有数のシンクタンクでもあった。国家統治の根幹にかかわるやりがい、エリート意識を満たす好待遇に惹かれ、優秀な頭脳が集まった＊。どう戦争を完遂するか。この一点において、国家の行く末を陸軍上層部はだれよりも真摯に模索していたともいえる。

極秘の印がおされた『大東亜戦争ニ伴フ我カ人的国力ノ検討』（陸軍省兵備課・昭和十七年一月　限定三〇部）。三〇ページの冊子から、陸軍の描く長期戦略を読みとることができる。

まず、総兵力。昭和十六年の二五〇万から始まり、十七年三五〇万（うち海軍三〇万）、十八年二五〇万、十九年二〇〇万（うち海軍四〇万）、二十年一五〇万、二十一年一五〇万と推測している。昭和十七年を「現有既教育資源、教育能力ノ現情ニ鑑《かんが》ミ、概《おおむ》ネ極限」とし、昭和十八年以降は「生産力ノ確保、人的国力ノ培養等ノ要求ニ鑑ミ、為シ得ル限リ兵力ノ節減ヲ図ラン」と、限られた戦力で戦争を継続していくとしている。つまり、戦争は昭和十七年までに終わらせるべきで、十八年以降は戦地の兵士を減らし、生産力や「人的国力」の再生産（つまり出生増）に励もうと主張。ひらたくいうと、男がいないと将来、兵隊となる赤ちゃんが減っていくよ、である。最終的に「昭和三十五年、大和民族一億（壮丁百万）」を目標としている。

きわめつけは「外地民族の活用」。朝鮮民族などを「活用」すれば昭和二十一年までに二〇万の増強ができ、将来は四〇万も可能としている。結論は「兵力保持ノ困難トコレニ伴フ民族ノ払フベキ犠牲トヲ考察スルトキハ、外地民族ヲ兵力トシテ活用スルハ今ヤ議論ノ時機ニアラズ、焦眉ノ急務ナリ」。――「大東亜共栄圏」とは、こういうものであった。

＊陸軍士官学校は帝国大学と同等以上に魅力あるコースで、士官、士官候補生は「上流階級の娘の嫁ぎ先として人気があった」（『父が子に語る近現代史』トランスビュー）と小島毅東大教授。

「母さんに会いたいよ。おなかがへった。ふるさとに帰りたいよ」。坑内に残された落書き（筑豊・豊洲炭鉱）

禅僧たちの軍事訓練（福井県永平寺青年学校　昭和十一年）

軍紀の維持、犯罪予防、性病蔓延による戦力の低下をふせぐため、軍部は、慰安婦を必要悪として認めていた。

「私は恥ずかしながら慰安婦案の創設者」と岡村寧次陸軍大将。上海派遣軍の参謀副長時代に、当地の海軍にならって長崎県知事に要請して「慰安婦団」を招いたと述べている。

プロの女性だけでは足りない。性病罹患者が少ない韓国・朝鮮人の健康な女性が狙われた。

陸軍省課長会議（昭和十七年九月）では恩賞課長が「北支一〇〇ヶ所、中支一四〇ヶ所、南支四〇ヶ所、南方一〇〇ヶ所、南海一〇ヶ所、樺太《からふと》一〇ヶ所の計四〇〇ヶ所をつくった」と報告。那覇では陸軍副官が色町・辻《ちーじ》のアンマー（抱え親）と尾類《じゅり》（遊郭の女性）を集めて、慰安所で「兵隊の士気を鼓舞」するよう要請している。

軍部が慰安所の経営にどこまで関与したか、場所により濃淡はあるが、設置に力を貸し、軍医が慰安婦の性病検査にあたっていたのは確かのようだ。

――「皇軍」は売春婦を内包する世界でもまれな軍隊であった。

「越米戦争*」では、妻を伴い戦場から戦場へと移動する南ベトナム政府軍兵士の存在を開高健は記録している。中国戦線では、日本の部隊を追って移動する御用商人がいた。米軍はこの種の施設を自らは設けず、「自由恋愛」に任せてきた。

妻や擬似の恋人＝慰安婦をつれての戦争。従軍慰安婦の制度は、一蓮托生、情理不離、万物共生のアジア的混沌、東洋人の心像をあらわしているのかもしれない。

*ベトナム戦争。ベトナムでの呼称はアメリカ戦争、救国アメリカ戦争、対米抗戦。アメリカがベトナム全土を蹂躙した。正確には「越米戦争」だろう。

朝鮮人女性の慰安婦（沖縄・座間味島　昭和二十年四月）

米軍に保護された慰安婦（沖縄）

上海・江湾鎮の慰安所（昭和13年）

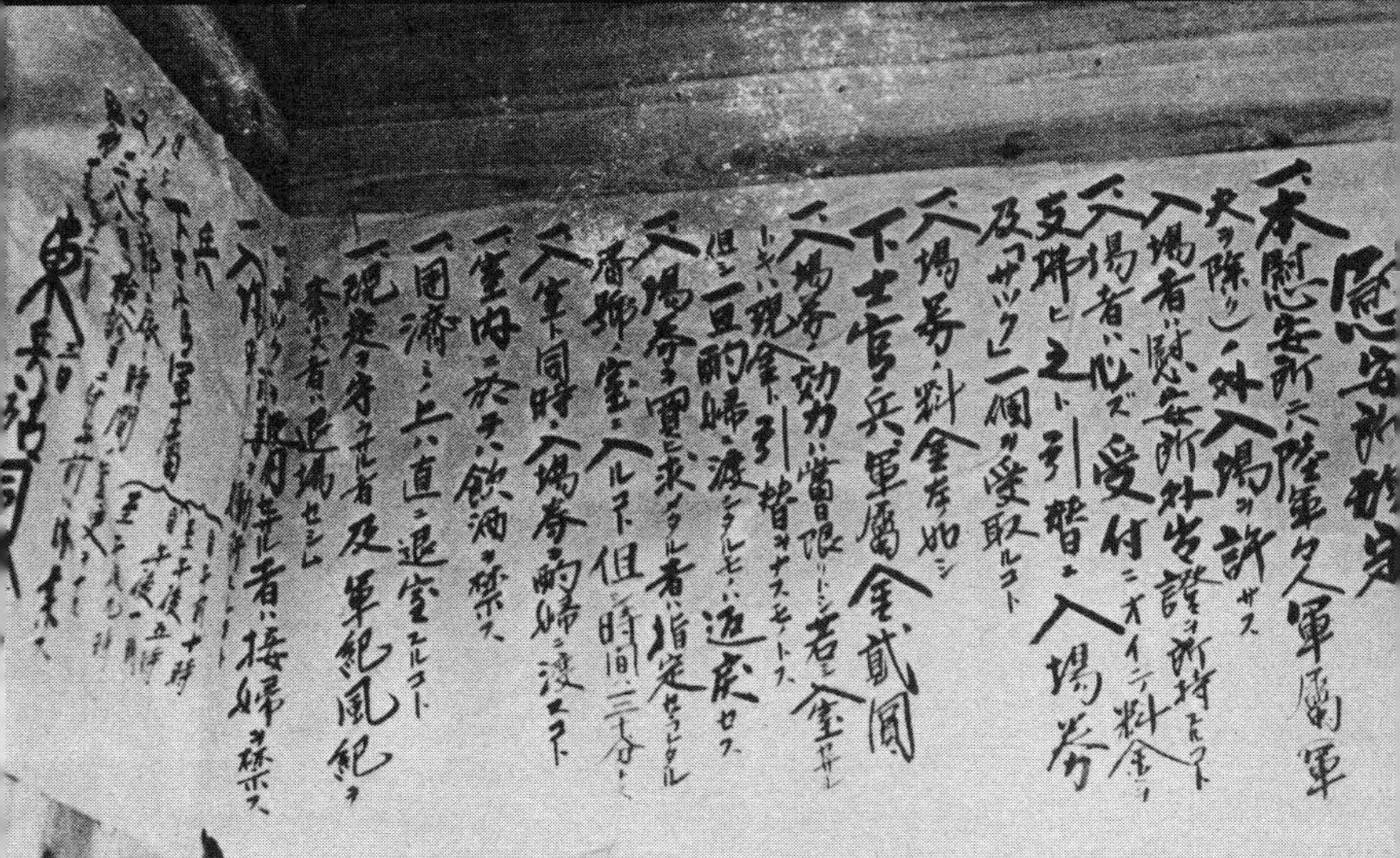

東兵站司令部が貼り出した慰安所規定。料金は30分、2円。
昭和15年、中国派遣の陸軍二等兵の基本給は10日ごとに1円27銭だった

第四章

なんとしても「聖戦完遂」

女性も戦力…最大の戦争推進要員

国家とは、なんでもやってのける存在だ。女性も高齢者も「聖戦完遂」のために、総力戦に組み込まれていく。

陸海軍管轄下の国防婦人会（昭和七年創立）、内務省が支援する愛国婦人会（明治三十四年創立）が二大団体。国防婦人会は男不足を補完し、祖国防衛を実践することを任務とした。昭和十二年、東京深川の州崎遊郭の女性三千人が同会の支部を結成。愛国婦人会は、女性としておこなえる社会活動に比重が置かれた。託児所・児童相談所・巡回健康相談の運営などを役所にかわり運営。銀座・新橋のダンスホールの女性も加わった。

昭和十八年、二十二歳から三十九歳までの未婚女性が対象の「女子勤労報国隊」、翌年に「女子挺身隊」が結成される。若年・中年女性は軍需工場などに勤労動員。高齢者は廃品回収、戦没者の遺族の援護活動。そのかたわら、出征兵士の歓送、慰問袋・千人針づくり、消火訓練、食糧増産の菜園づくり……。

東条内閣は「国内必勝勤労対策」を決定。理髪師、販売員、車掌、駅の改札係など一七種職に男性が就職することを禁止・制限した。管理職以外は全員が女性の職場も出現。国鉄の女性従業員は十一万人になった。

昭和十七年、両団体は大日本連合婦人会と統合し大日本婦人会に。児童・学生や老人以外の女性が同会に参加しなければ「非国民」扱い。女性の大半、千六百万人が加入。日本軍将兵は最高時で約七百万人。数からいえば、「銃後」の女性は日本軍を上回る戦争推進要員であった。

採炭婦として切羽で働く（昭和十七年　常磐炭鉱）

「神風」の鉢巻をしめた女子挺身隊

メディア操作…敵をだます前に、国民をだませ

本土の初空襲は、予期せぬほど早かった。昭和十七年四月。真珠湾攻撃から四カ月後。空母ホーネットを飛び立ち、超低空でB25爆撃機一六機が侵入した。対空砲撃・迎撃機では一機も撃ち落とせず。友軍機だと思い、手をふる市民も少なくなかった。対空砲撃・迎撃機では一機も撃ち落とせず。軍部の衝撃は大きく、東部軍司令部は「撃墜九機」と発表。「撃ち落したのは九機ではなく空気ではないか」と噂されたが、ややあって敵機の残骸を靖国神社の境内に展示した。しかし、これは中国の日本軍占領地域に不時着した米軍機のうち一機を大急ぎで運んだものだった。

昭和十九年十二月、東海地方を襲った東南海地震も隠蔽された。昭和十八年からの四大地震*のひとつ。翌日が軍の大詔奉戴日(たいしょうほうたいび)**にあたり、報道を統制。三菱重工(名古屋)、中島飛行機(半田市)の被災など、動揺を与えるニュースはひた隠しにされた。ラジオは沈黙。新聞の紙面は昭和天皇の肖像写真や戦意高揚の文章で占められ、片隅にベタ記事が載るのみ。天変地異が軍事秘密になり、支援・救援の輪が広がらなかった。だが、地震は世界各地で観測され、「ニューヨーク・タイムズ」は詳細に報道した。

権力者は目的遂行のため、いくらでもウソをつく。「大義」があれば、なおさらだ。「正義」をふりかざす者ほど、民衆をだます。──正義と理屈は、どこにでもくっつくものだから。

二〇一三年、特定秘密保護法案が成立し、政府与党に不利な情報は出にくくなった。一四年、国家公務員法を改正。各省幹部の人事は官邸が握り、官僚は政権に盲目的に。一五年、防衛省設置法を改正し「文官統制」を廃止。武器の輸出・他国との共同開発を主務とする防衛装備庁の創設──戦争への道は、着々と準備されている。

*鳥取、三河、南海、東南海の各地震。死者千人を超える地震が四年連続した。

**真珠湾攻撃の日。全軍をあげ祝賀の記念日とした。

第四章 なんとしても「聖戦完遂」

大正12年、台湾を訪問した皇太子（昭和天皇）の一行

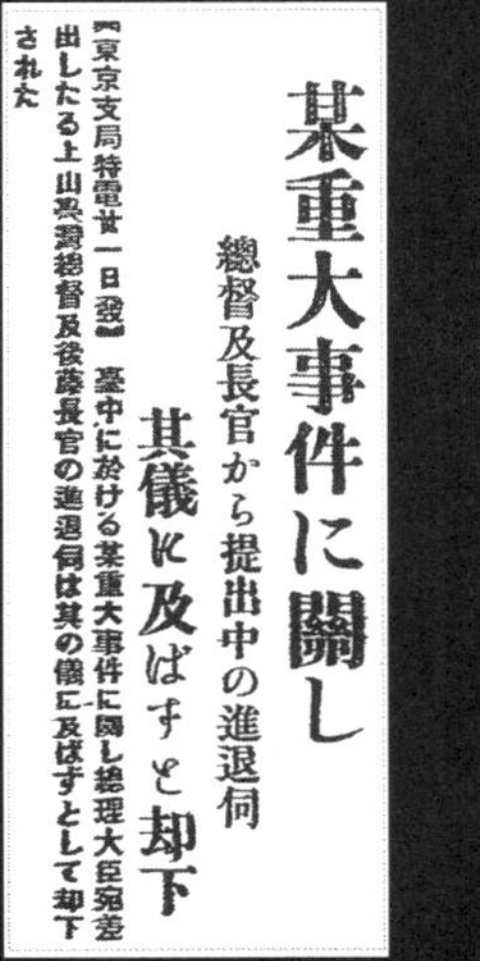

某重大事件に關し

總督及長官から提出中の進退伺

其儀に及ばずと却下

【東京支局特電廿一日發】臺中に於ける某重大事件に關し總理大臣宛差出したる上山總督及後藤長官の進退伺は其の儀に及ばずとして却下された

「某重大事件」とされ、
当初は隠蔽された
皇族暗殺未遂（台中不敬事件）

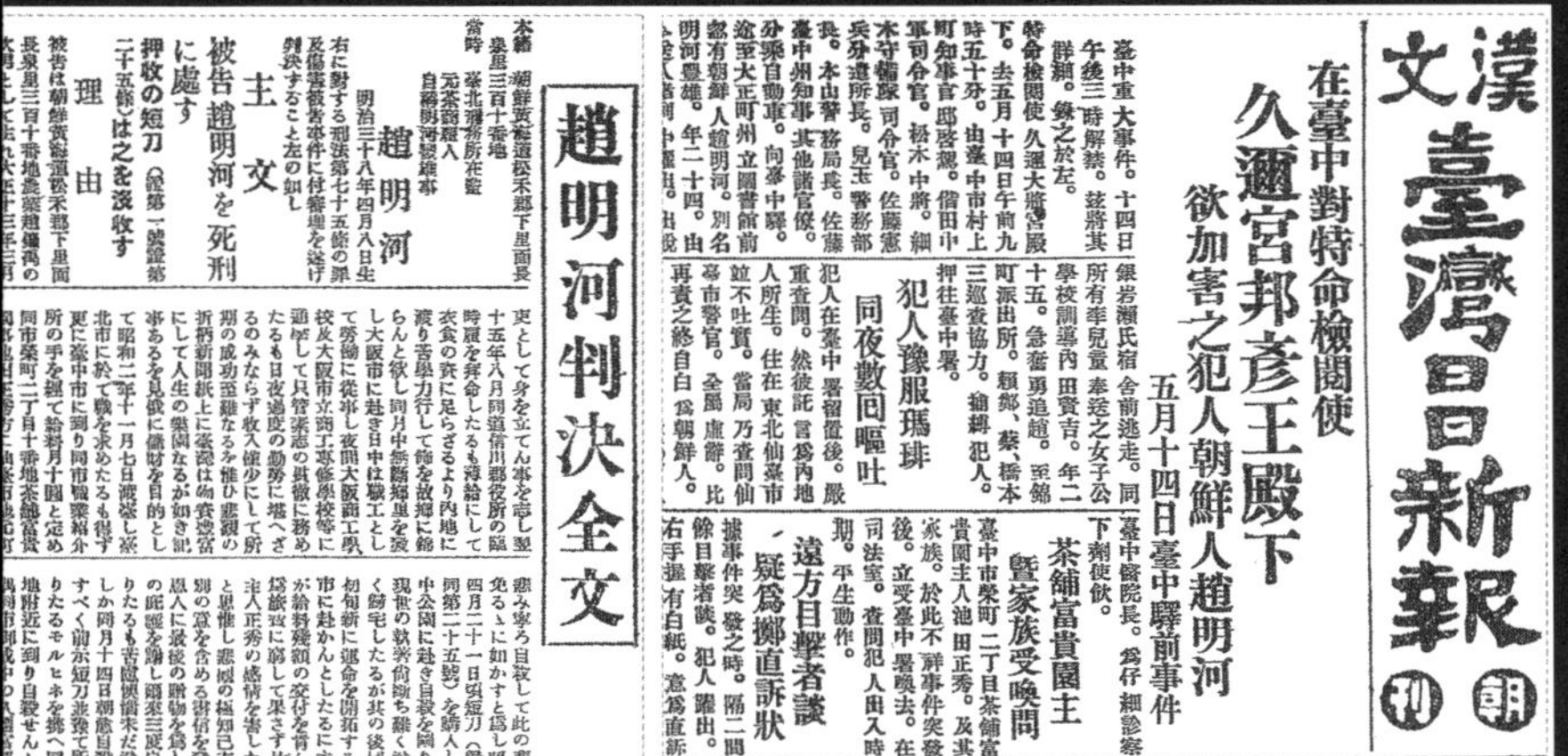

漢文臺灣日日新報 朝刊

在臺中對特命檢閲使
久邇宮邦彦王殿下
欲加害之犯人朝鮮人趙明河
五月十四日臺中驛前事件

犯人豫服瑪琲
同夜數回嘔吐

茶舖富貴園主
暨家族受喚問

遠方目擊者談
疑爲擲直訴狀

趙明河判決全文

主文
被告趙明河を死刑に處す

理由

詳報する「漢文台湾日日新報」。不敬罪は非公開裁判で一審制。即日、死刑が確定した

「戦時彩色」…黒塗りの国会議事堂

国会議事堂も、黒褐色に迷彩された。空襲による被弾を避けるためだ。

神戸商科大学（現・神戸大学）の講堂・本部も、「六甲山の中腹で目立ち、白亜のままでは不安」と住民の声が上がり、黒いペンキが塗られた。当時、国内最高層のアパート、九階建ての「日給社宅」が建つ軍艦島（端島　長崎県）でも同様だ。

白鷺《しらさぎ》城こと姫路城は、墨色の魚網で覆った。幸い、夜間の空襲では、米軍機のレーダーが外濠を沼地と誤認し、集中的な爆撃を免れた。それでも焼夷弾が天守閣の一郭を直撃。しかし不発に終わり、天下の名城はかろうじて残った。

「みちのくの小京都」村田（宮城県）。紅花・米・生糸の商いで栄えた町に、黒塗りの土蔵がいくつか残る。煤やコールタールを塗ったものだ。

気をつけてみれば、「戦時彩色」がなされている建物は、いまでもあちらこちらで見ることができる。

これらの努力の甲斐は、あったのだろうか。第一次大戦時など、対象を目視で確認する爆撃では、一定の効果があっただろう。しかし、米軍は開戦時からリト・モザイク（方眼で区切った航空写真地図）を活用。これをもとに照準を合わせて、ピンポイントで基地、駅、軍需工場を十メートル単位で狙うことができた。

昭和二十年の東京大空襲からは、点から面に戦術が変わり、ただひたすら市民に損傷を与える無差別攻撃が主流となり、「戦時彩色」は無用と化した。

無彩色に塗装された国会議事堂。手前は警視庁得剛館、海軍経理部の焼け跡

イモ畑となった国会の前庭

一九三〇年代中葉までの日本では、毎年百万の人口の自然増加があった。ところが日中戦争がはじまり、一九三八年（昭和十三年）には三十万人と激減。危機感をいだいた軍部・厚生省は昭和十四年、同省民族衛生研究会の名で「結婚十訓」を発表した。

「互いに健康証明書を交換しよう」「悪い遺伝のない人を選べ」「なるべく早く結婚せよ」「父母長上（目上の人）の意見を尊重しよう」と呼びかけ、最後は「産めよ殖やせよ国のため」。

ナチス・ドイツの「配偶者選択十ヶ条」をまねたもので、同時に全国各地で「優良新生児表彰」「優良多子家庭表彰」のイベントを催した。多子では、一〇人以上の子どもをもつ親一万三百人を顕彰。「日本一」になったのは長崎県庁の役人（四十八歳）と妻（四十歳）。二十年間で一六人の子どもをもうけ、これにならえと新聞、雑誌が大々的に報じた。

翌年には「国民優生法」を公布。遺伝性の疾患者には断種手術をおこない、健常者の産児制限に歯止めをかけることを宣言した。

「不健全」な者、生産に役立たない「異物」を世の中から排除していこう。健常者の人口を増やし、社会を純化させよう。痛いほど国家当局の熱意がつたわってくる。産ませて、育てて、最後は「その若き肉体、その清新なる血潮、すべてこれ御国《みくに》の大御宝なのである。この一切を大君の御為《おんため》に捧げ奉るは、皇国に生を享けたる諸君の進むべきただ一つの途《みち》である」（学徒出陣壮行会での東条英機首相の訓示）。

しかし、権力者の絶頂期は長くて十年。——国は滅んでも、世間は残る。

東京市向島区でおこなわれた「優良新生児表彰」

防空壕…各自が生き延びよ

空襲が激しくなるに従い、各家庭、会社に防空壕の設置が奨励された。自分の身は自分で守れ。軍による防空体制の破綻である。

家庭では庭、縁の下、道路脇に、なかには玄関の土間、台所や押入れの下に掘ることもあった。駅、役所、公園には公共用のものがもうけられた。

雑誌では「手作り防空壕」の特集が組まれ、庶民は調達した木材で隣組や町内会の力をかり、かがんで入れるほどの壕を、富裕層は専門業者の手によるコンクリート・鉄板製で、立つことができる壕をこしらえた。

空襲警報のサイレンが鳴ると、人びとは水筒、ラジオに、干し芋、乾パン、炒《い》り米、梅干など保存のきく食品を抱えて防空壕に駆け込んだ。

また家々では、明かりがもれないように電球にカバーをかけ、飛散をふせぐ紙テープを窓ガラスに貼った。玄関先には砂袋が、町内の辻々には「防火用水」が置かれ、防空頭巾にバケツリレー式の消火訓練が繰り返された。

壕にはふたのある掩蓋式《えんがいしき》と斜面をうがつ横穴式があり、警防団による検査がおこなわれた。「一、天皇皇后の御真影*、勅語謄本の奉護。二、学生および生徒児童の保護」と「学校防空指針」に規定されたとおり、緊急時には生徒より先に御真影を防空壕に避難させた。

散発の空襲ではもちこたえたが、アリ塚のような手作りの壕は、直撃弾や町内一帯が火の海になる空襲の前には無力。逃げ込んだために焼死する一家も少なくなかった。

＊天皇・皇后の肖像写真。1980年代まであった学校教員の宿直制度は、「御真影」を警護するために始まったという。

銀座の防空壕づくり。 各家庭でも深さ1メートルの竪穴の掩蓋式壕を掘った。 庭のない家は道路につくることが許された

市谷の陸軍地下壕…非常時の大本営

ながく国会議事堂の正面手前（現・憲政記念館）にあった陸軍省は、昭和十六年十二月、市ヶ谷台に移転。ここに大本営陸軍部、士官学校など陸軍の中枢機能も移された。

大本営（旧1号館）前の地下を十四メートル掘り下げ、翌年、一大地下壕が竣工した。広さは約千二百平米。高さ四メートル、奥行き五十メートルの通路が格子状にとおり、それに沿って作戦指揮室、通信所、食堂、仮眠室がもうけられた。

無音。壁に地下水がにじみ、鉄筋は錆びつき、ひんやりした空気が漂っていた。

五百キロ爆弾の直撃にも耐えられる厚さ四メートルのコンクリートで覆われた陸相室で、阿南惟幾《あなみこれちか》陸相は天皇のポツダム宣言受諾を若手将校に伝達。また、翌九月、杉山元陸相はこの壕の一室で自決している。

防衛省庁舎の建設で一部は埋められたが、主要部分は保存され、広場の隅には石灯籠に擬装した排気塔が残っている。

同じころ、皇居でもっとも高い地主山（海抜三六メートル）の北斜面を切り崩し、天皇皇后が避難する防空施設が造営された。防諜のため、御文庫付属庫と名づけられ、ふだんの生活の場である御文庫とは百メートルのトンネルでつながっていた。

旧首相官邸から背後の溜池の市街地、地下鉄の赤坂見附駅まで、地下トンネルが掘られているという説がある。国会議事堂と道をはさんで建つ衆議院・参議院の議員会館は、一本の地下道で直結している。デモ隊に包囲されても議事堂に出入りできる。現在の首相官邸にも、同様の通路があるらしい。

儀仗広場に残る石灯籠を模した排気塔

兵士が武器を携帯して行動できる高さがある

戦後、進駐軍が接収した

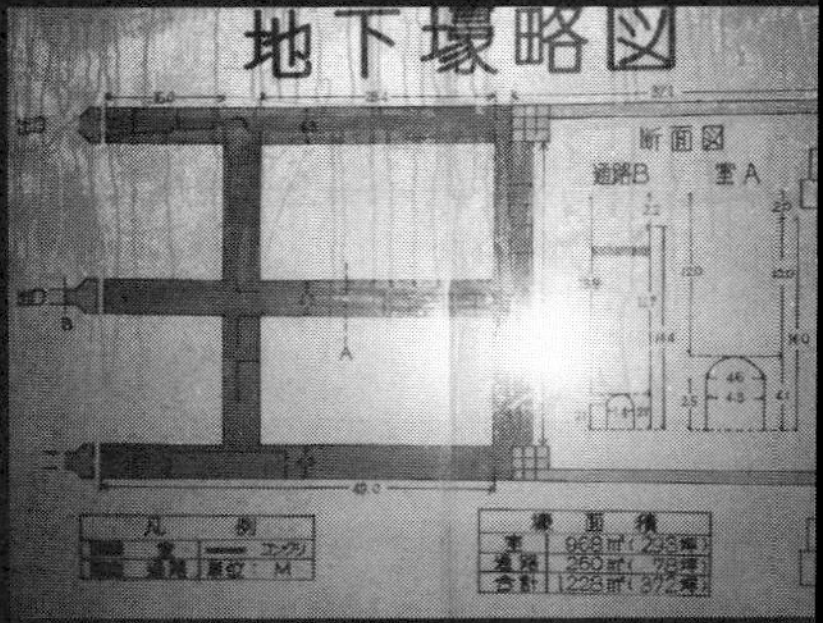

構内の略図。水洗トイレも設けられていた

日本軍は十年かけて育て上げた優秀な操縦士などのソフトよりも、しばしば、飛行機や銃器、施設などのハードを大事に取り扱った。兵士は「聖上」天皇の御盾であり、消耗もやむをえない。産めよ、殖やせよで補えばいい。兵器は天皇からの下賜。資源の乏しいなかでは、こっちのほうが大切だ。ただ例外はある。広島の原爆投下時、対岸ともいえる江田島の海軍兵学校の生徒は救援に向かっていないという。エリートの金の卵は大切にされた。

かたや、米軍は一般戦闘員の生命を重視した。ある飛曹長のラバウルでの体験談である。

――撃ち墜したP38から落下傘で米軍の搭乗員が脱出した。下は海だ。双眼鏡で見ていると、どこからか哨戒機が飛んできて、なにかを投下した。浮力のある箱で小型のゴムボートに救命胴衣、水・食糧が納まっているらしい。搭乗員が乗ったゴムボートのまわりを哨戒機が旋回。そのうち、潜水艦が浮上して、かれをさらい、ふたたび潜行していった。

もし、作戦中に緊急事態となったら、後方部隊はこう動こう。そんな救命のシミュレーションができていた。また、士官、士官待遇の従軍牧師*を海軍は三千人、陸軍は九千人を擁して、精神面をケア。葬儀や臨終の看取りにもあたった。

本土空襲の爆撃機の編隊には、護衛の戦闘機はもちろん、天候測定機、レーダー対策機、スーパーダンボ（救出機）が同伴した。かたや「気張れ」、「なせばなる」の掛け声ばかりが大きく、貧弱な飛行技術の操縦士を速成してきた日本軍。やがて、急ごしらえの操縦士もいなくなり、経験の乏しい少年練習兵を生きた武器として特攻に送り出すことになる。

＊仏教各派は軍部に協力。浄土真宗は宣撫担当の特務機関員をかねる従軍僧を送り出した。また、上海、広州など日本軍が実効支配する各地に本願寺の別院を設けて布教した。

復員した夫と迎える妻

虐殺したとされる「カラゴン事件」。銃殺に処される日本陸軍の三名の中隊長
（ビルマ・ラングーン中央刑務所）

軍隊生活…窮民を魅惑する仕掛け

絶対的な上意下達、収入の低下、キャリアの空白、規則に満ち窮屈な日々……。どこの国も軍隊生活は、つらいこと、切ないことの連続だ。任意の志願にしろ、召集にしろ、それはかわらない。加えて日本軍では、理不尽なリンチ、各種の差別、思想の統制が横行していた。軍隊は別の社会。いわば人外魔境。一般社会を娑婆《しゃば》（俗世間）とは、よくいったもの。

しかし、暗い面だけではない。日の出とともに起き、夜星を見るまで耕す農民。盆と正月以外は休みもなく、小遣いほどの給与で働く年季奉公の店員。保険も労災の保障もなく体を酷使する町工場の工員……。入営するまで革の靴をはいたことがない。そんな青年がざらにいた。かれらにとって、軍隊はときに魅力的な職場にも映った。

簡素だが清潔な衣服を支給され、定期的に入浴日がある。陸軍も海軍も二等兵で六円の月給（昭和十六年。巡査の初任給は月四五円）が現金で支給され、親元に仕送りもでき、日曜日には外出も許された。酒、タバコの味を軍隊で覚えた人も多い。筆者の祖父（小学校教員で応召。朝鮮に出征）はふんどしを初めて着用。快適だと終生、愛用していた。

日常の訓練・勤務も、ふつうの工場労働より楽だったという証言もある。しかし、ひとたび、戦争となると事態は一変する。飢餓、傷病、昼夜を問わぬ戦闘が当たり前に。

高度資本主義社会が到来して、世の中はモノとサービスであふれている。そのなかで、いかに若者のこころをつかむか。思想としてのイデオロギーとファッションが、その趨勢を握っているのだろう。自衛隊の制服*がカッコよくなったら、政府は本気だ。

＊予科練は当初、水兵服（セーラー服）が制服で不評だったが、昭和17年、七つボタンに短ジャケットに改め、映画の主題歌「若鷲の歌」のヒットもあり、人気を挽回した。

夏季用制服に身をつつんだ海軍士官。
とくに短剣を腰につるした海軍兵学校生徒の制服姿は若者のあこがれの的だった

体育と強兵…戦争できる国民づくり

「米英撃滅」のため、強健な心身を養うことは、国民に課せられた、なかば使命だった。「身体は国家のもの！　身体は総統のもの！　健康は義務である！　食事は自分だけのものはない！」はナチス・ドイツのスローガン。

おなじような国民運動が展開された。体力の強化、国民精神の昂揚、集団行動の向上、結核と性病の撲滅をめざし、旧厚生省が推進母体となった厚生・健民運動だ。

そもそも同省は、陸軍の「衛生省」構想と合致し、陸軍の強力な支援で昭和十三年に設置されたもの。「健兵健民」を安定的に国家に供給することが主務とされた。

同省人口局は「健民修練所」の全国一三〇〇カ所の設置をきめた。国民体力法にもとづく検査で筋骨薄弱者と判定された者には体練と勤労を、結核要注意者には作業、休養、皮膚鍛錬を、三十万人規模でほどこすというもの。しかし、戦局の悪化で尻すぼみになった。

厚生・健民運動はドイツ労働戦線のＫｄＦ（歓喜力行団）、イタリアのＯＮＤ（労働の後）にならったもので、それ自体がファシズムの一形態といえる。

いまもつづく学校行事での分列行進、ラジオ体操は、その名残だろう。

二〇一二年、全国の中学校で武道が必修となり、剣道・柔道・相撲・空手・弓道などからひとつを選ぶこととなった。一五年、文科省は、道徳を小中学校で「特別な教科」に格上げすることを告示。また、公立学校に自衛官を派遣できる旨を閣議決定した。消防署員やボランティアではなく、自衛官が防災について小中学生に述べる。そのうち国防や愛国心についても……。

水泳の準備体操をする海軍兵学校の生徒（撮影・真継不二夫）

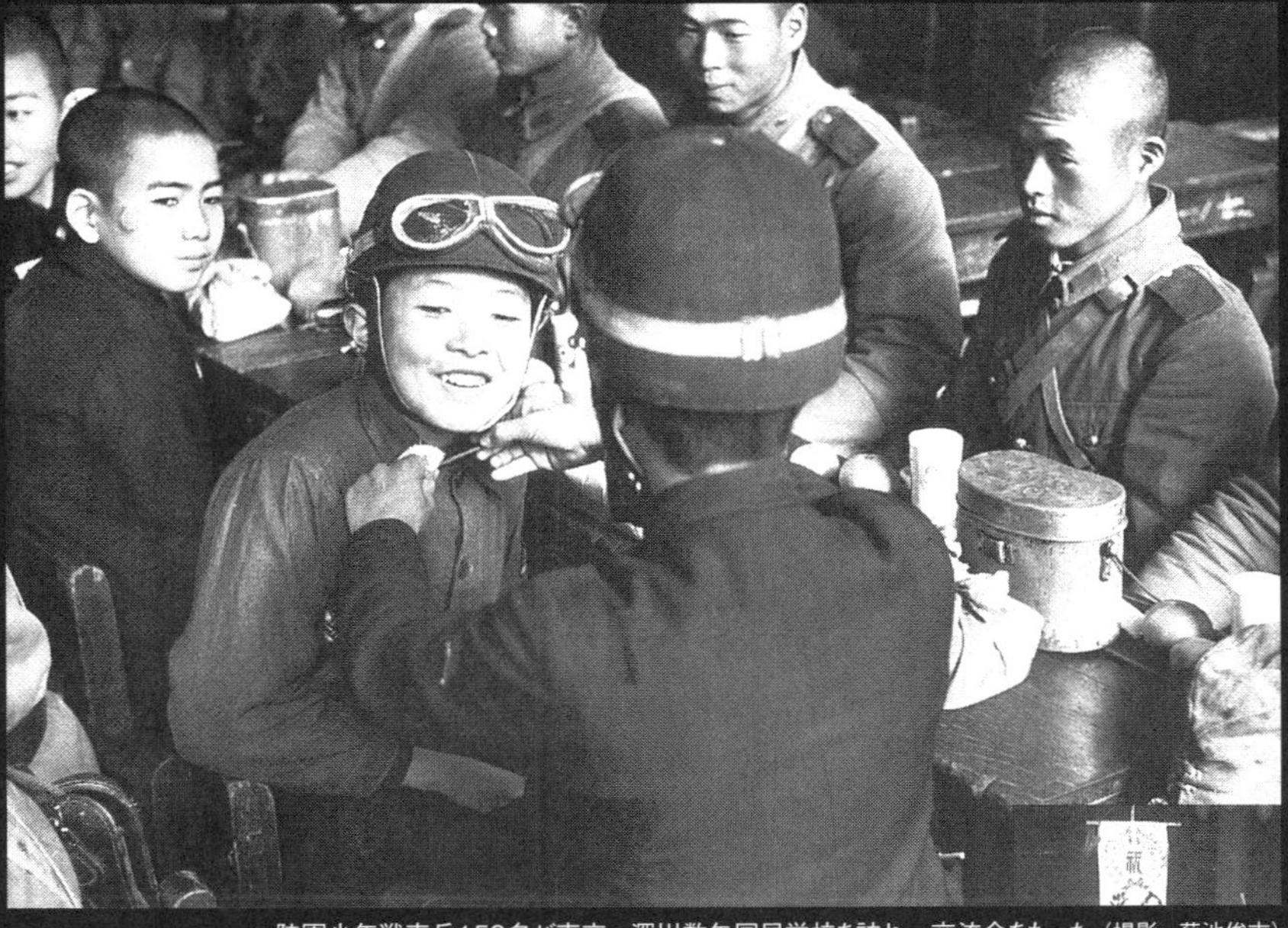

陸軍少年戦車兵150名が東京・深川数矢国民学校を訪れ、交流会をもった（撮影・菊池俊吉）

小学生の戦争ごっこ。地元の連隊の軍旗祭にて、敵味方に分かれての空中戦は陸軍大臣を感心させた（栃木県芳賀郡・中村尋常高等小学校）

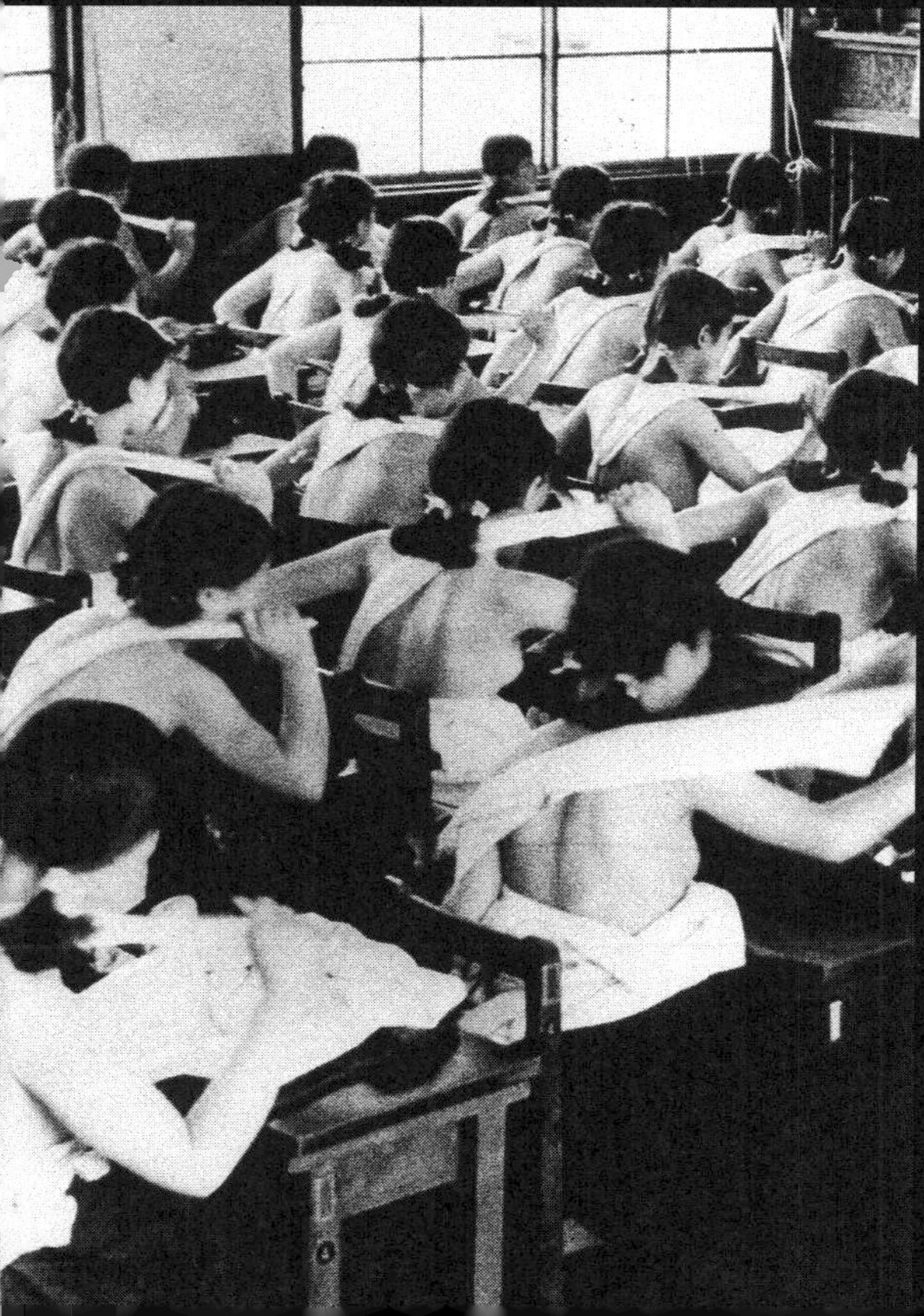

市岡高等女学校（大阪府立港高校）の乾布摩擦

第五章

「本土決戦」の迷妄

動物園の闘い…猛獣の殺処分と戦意高揚

空襲が常態化し、猛獣の逃走が予想された。エサと暖房用の燃料の不足もあり、各地の動物園で猛獣を殺処分していく。

上野動物園では市民の心情を考慮し射殺を避け、ライオン、トラ、ヒョウ、ヒグマ、チータ、バイソンを薬殺。三頭いたインドゾウは、敏感に察知。硝酸ストリキニーネの入ったジャガイモを吐き出した。最後まで生き残ったのはトンキー。エサをもらいたい一心で、前脚を折り、鼻を高く上げる芸を飼育員に披露。——三十日後に餓死した。空いた檻ではブタ、ウシ、ニワトリ、アヒルが飼われ、貴重品だった牛乳は近くの病院に供された。こうして大型の野生動物はキリンだけとなった。

「おサルさんも一生懸命にやっているのだから、我々も」。戦意高揚のため、動物も利用された。天王寺動物園では、人気者のチンパンジーのリタとロイドに軍装をさせ、ゾウを使って防火演習をおこなった。毒殺したライオン、トラ、育ての親の飼育係がロープで絞殺したヒョウは剥製にされ、保管庫に眠っている＊。

殺処分は「本土決戦」が目前とされた昭和十九年から本格的となり、仙台市立動物園、井の頭自然文化園、京都市動物園、宝塚動物園、福岡市記念動物園でもキリン、ホッキョクグマなどを毒殺。おなじ処置は大戦下のロンドン、ベルファストでもおこなわれた。

敗戦時、生き残ったゾウは東山動物園（名古屋）の二頭のみ。このゾウ目当てに、東海地方の各地からゾウ列車が運行された。

＊天王寺動物園では毎年夏、「戦時中の動物園展」をひらき、殺処分された猛獣の写真や剥製を展示している。

インドゾウも加わっての防火演習

「備えよ、空に」のスローガンのもと、
市民に防毒マスクの着用を推奨。
推進のため、チンパンジーも一役買った

玩具の小銃を手にしたチンパンジー
（いずれも提供・天王寺動物園）

硫黄島・サイパンからは航続距離が足らず、爆撃機の出撃が難しい東北・北海道には、洋上の艦船から砲撃が加えられた。

大橋地区に鉄鉱山があり、国内で唯一、採掘から精錬まで一貫生産できる製鉄所をもつ釜石。早くから市民は覚悟を固め、地域ごとの「家庭防空群」を結成。家々に防火水槽を設け、防空壕を掘り、役所・学校など大きな建造物には迷彩を施し、そのときに備えていた。

予測はあたり、本土初の艦砲射撃をうけることになる。砲撃は二回。初回は昭和二十年七月。米海軍機動部隊が釜石沖三十キロに接近。サウスダコタ・インディアナ・マサチューセッツの三戦艦が、一六インチ砲弾（全長一七〇センチ　一・二トン）を「まず背後の山側に撃ち込み、市民を海沿いの市街地にあつめ、そこをめがけ集中砲撃した」という証言もある。二時間で二六〇〇発を発射。日本製鉄の従業員百余名など、四二三名の民間人が死亡。民家一四六〇戸を焼失。

二回目は同年八月。米軍に英海軍の巡洋艦、駆逐艦が加わり、二時間で二八〇〇発。前回は無傷の社宅街にも着弾。上空には機銃掃射する艦載機が絶えず旋回し、消火ができない。ほぼ全市域が焼け野原となった。製鉄所は主な機能を喪失。民間人二七一名が死亡した。

同様の艦砲射撃は、同年七月、日本製鉄・日本製鋼・函館船梁《ドック》の造船所がある室蘭にも向けられ、四八五名（うち民間人四三九名）の死者が出た。

釜石市では現在でも七月、八月の当日、サイレンを鳴らし、防災無線で黙禱をよびかけている。

釜石を砲撃する米軍艦

駿河湾にあらわれた米潜水艦による偵察写真

焼夷弾…街を燃やし、人を溶かす

焼夷弾《しょういだん》は用途限定。コンクリートの建造物の破壊ではない。木造の民家・商店を焼き払うために開発された。米軍は、日本家屋が燃えやすいことに着目。ユタ州ダグウェイに日本の町並みを再現。障子、ふすま、畳にたんす、ちゃぶ台、座布団の民家をこしらえ、実験を重ねた。

米軍が多用したM69は、一升瓶大の油脂焼夷弾三八個を内蔵。上空七〇〇メートルでバンドがはずれ、子弾が四散するクラスター爆弾だ。子弾は瓦屋根を貫通して、座敷まで達するように設計されている。

着弾すると、パーム油、ナフサにガソリン、燐、鉛などを添加したナパーム剤が三〇メートル四方に飛散する。

ひとたび火が衣服につけば、水や砂をかけても消えない。両性界面活性剤が必要になる。防火演習のバケツリレー、むしろ、火ばたきは、まったく役にたたない。

東京大空襲の際、中学生だった半藤一利は、近所の川に飛び込み、たまたま舟に救い上げられ、助かった。そのおり「髪はカンナ屑のように燃え上がる。身体は炭俵が燃えるように火を噴く」人びとを目にした。

より効率的に爆撃するため、B29は機銃を取り外し、弾薬や塔乗員を減らし、限界いっぱい六トンの焼夷弾を積み込んだ。その後も改良が重ねられ、燃焼時間が延び、飛散面積が拡大。越米戦争でも米軍は引き続き使用*。住民や村落、森林を焼き尽くした。

*つねにアメリカの戦争は国外のみで行われている。米国本土が戦場となったことは皆無といっていい。

墨田区本所の焼死体。運よく鉄筋コンクリートの建造物に逃げ込んでも、
ナパーム弾が放つ1000度超の高熱で内部は丸焼けとなる（昭和20年3月16日　撮影・石川光陽）

上野・両大師に収容された遺体。ナパームの主燃材のナフサは燃焼時に一挙に大量の酸素を消費する。
そのため着弾点から数十メートル離れていても窒息死にいたる（撮影・石川光陽）

東京大空襲…「帝都」の庶民を殲滅せよ

敗戦までに約百三十回あった首都への空襲。とりわけ昭和二十年三月十日の下町を狙った空襲は、被害が甚大。通常兵器による一般市民への無差別攻撃として、人類史上、例をみない犠牲者を生んだ。このため東京大空襲とは、この日の猛爆撃を指す。

当日は冬型の気圧配置。北東の強風が吹き荒れていた。人家の密集地帯。寝静まった深夜零時に爆撃開始。——悪条件が重なった。

米軍はドーナツ状に爆撃し、市民を環の中心に追い込み、一夜にして十万人以上が落命した。市街地の四〇パーセントにあたる四〇平方キロ、二六万戸を焼失。城東区、本所区、浅草区、日本橋区、深川区（すべて当時）はほぼ、焼け野原に。

軍部は、防空演習を積めば恐れるに足らずと喧伝した。防衛総司令部は「本土空襲の米国機乗員を死刑、または重罰に処す」と民衆を慰撫。防空法（空襲対策法）を制定し、空襲時の消火作業を義務づけ、従った多くの市民が逃げ遅れ、亡くなった＊。

翌日、大本営の発表は「盲爆により帝都各所に火災を生じたるも、宮内省主馬寮は二時三十五分、その他は八時ごろ鎮火せり」にとどまり、惨状は隠蔽された。

この無差別爆撃の提唱者はカーチス・ルメイ少将。「従来の軍事基地、軍需工場に的を絞ったピンポイント爆撃では生ぬるい」と、東京をはじめ大阪、名古屋、郡山、富山などの爆撃を主導した。後年「戦争に負けていたら、わたしは戦争犯罪者」と述懐している。一九六四年、航空自衛隊の育成に貢献した功績で、勲一等旭日大綬章が授与された。

＊「空襲は最初の一分！ 退くな、逃げるな、必死で消火」「退避は待機、焼夷弾には突撃だ」（帝都翼賛壮年団のチラシ）に忠実に従った人びともいた。

本所付近の親子の焼死体。撮影者の石川光陽氏は警視庁警務課の職員。職務で撮影。
戦時中、被災地の撮影はスパイ行為とされ厳禁。一般市民はカメラを向けることもできなかった

3月10日午後の浅草。荷車に布団、衣類を積んで逃げた人は、
荷物に火が燃え移り逃げ切れなかったという（撮影・石川光陽）

一九九五年、墨田区で東京大空襲の集まりが開かれた。席上、奇跡的に生き残った井上有一さんが文書を配布した。

「江東一帯灼熱地獄　ここ本所区横川国民学校　猛火包囲　老若男女声なく再度脱出の気力なし　一千難民ことごとく焼殺　一塊炭素猿黒焼のごとく　白骨死体火葬場のごとし　生焼女人全裸腹裂胎児露出　生存者虚脱　声涙不湧　ああ何の故あってかを殺戮するのか　倉庫内にて聞きし親子断末魔の声　終生忘るなし」（一部略・現代文に改めた）。

阿鼻叫喚のさまを、被災者はどう記録しているのか。「イカを焼いたように反り返っている死体」（言問橋）、「焼き殺された人間の左右の腕が、付け根から落ちた。両足が大腿部から焼け落ち、最後に頭部がポトリと落ち、五体がバラバラになった」（隅田公園）、「子どもが、三人、目の前で、アワを吹いて死んだのよ」（浅草区・新堀国民学校）。「ミューミューという泣き声が聞こえます。五つくらいの男の子が、大やけどで五本の指がベロベロで、さわったらみんな落ちてしまいそうでした」（本所区・日進国民学校）、「菊川橋の上はひどかったんです。通れないいんです。踏みつけて渡りました」……。

三月十日の朝、卒業式のため学童疎開先から国民学校六年生の金田茉莉さんは帰京した。自宅一帯は黒煙がたなびく焦土。孤児となった少女は後年、『東京大空襲と戦争孤児』（明石書店）を編む。右記の目撃談の数かずは、この労作による。

＊「焼け跡が最も安全」と「山の手大空襲」では、すでに焼け野原の目白台方面に避難した人びとは助かった。

炭化した死体（本所付近　撮影・石川光陽）

本所・菊川橋の大横川。川に飛び込み、手ぬぐいを水に浸して鼻や口にあて、やっとのことで呼吸ができるほどの猛火だった（撮影・石川光陽）

天皇による東京大空襲の被災地視察は、三月十八日となった。爆撃から八日後である。中世から〈聖なる天皇〉は、死や血や産などの穢れからもっとも遠いところに存在してきた。臨戦下とはいえ、腐乱死体、焼死体を「玉体」である陛下の視界に入れてよいものか。視察の内定以来、夜を日に継ぎ、順路の死体の処理清掃を急いだ。警官、消防士、区職員はもちろん、警防団、巣鴨監獄の受刑者を動員。もとより重油はない。空き地、寺院、グラウンドに陸軍が大きな穴を掘り、身元不明の遺体を百単位で投げ込み、合葬していく。

錦糸公園に一万二八六五体、上野公園八三八五体、隅田公園に四八二四体、猿江公園一万二七四九体……。収まらない。青山墓地、谷中霊園をはじめ、東本願寺（台東区）、六義園（文京区）、池上本門寺（大田区）、大山公園（渋谷区）、白銀公園（新宿区）、神谷公園（北区）に市民は大八車やリヤカー、軍はトラックで搬出した。

難題は河川に浮く死体であった。かたづけても、かたづけても、大磯川、竪川に絶え間なく死体が浮かんでいる。水面の死体をかたづけたら、中層にあった死体が顔を出す。中層を引き上げたら水底のものが浮上する。十七日の日没まで、回収作業が続けられた。

こうして、昭和天皇は大勲位、功一級の略綬をつけた陸軍の軍装で、まず深川の富岡八幡宮に到着。境内で内務大臣から被災の説明をうけ、御料車で永代通りから四つ目通りに入り、小名木橋のたもとで車を停め五分間、一帯を望見。錦糸町、押上、田原町、稲荷町、上野駅前、湯島、神田淡路町と進み、ふたたび宮城に。一時間の「ご巡幸」であった。

被災の説明をうける昭和天皇（深川・富岡八幡宮　撮影・石川光陽

大横川に浮かぶ死体の収容作業（本所・菊川橋付近　昭和20年3月10日　撮影・石川光陽

地方都市への空襲…リストアップされた一八〇都市

米軍が標的にしたのは大都市ばかりではない。青森、仙台、静岡、岡山、鹿児島などの中核都市はもちろん、人口三万の小都市も狙われた。

無差別爆撃の対象は、人口で決められた。米軍の内部資料（第二十航空軍司令部　昭和二十年）では、筆頭の東京、二位の大阪、三位の名古屋、四位の京都から最後の熱海まで人口順に全一八〇都市があげられている（巻末資料）。

そのなかで選り分けがなされた。神戸、名古屋、横浜、川崎はすでに「焼却」が終わっている。大阪・尼崎・東京もあと一回、爆撃を加えるだけで機能は停止する。京都と広島は上層部の指示で、次章で後述のように原爆投下予定地として除外された。仙台以北の札幌、八戸、弘前、秋田、能代、盛岡など一七都市は爆撃機の航続距離が足らず、自軍の人命保護と効率的な攻撃がむずかしいことから、重点対象からはずされた。

密集性・延焼性、軍需工場の有無で優先順序をつけて、のこりの一五二都市が吟味された。地勢やレーダーの専門家の意見をいれ、福島、山形、川口、久留米、高山、布施（東大阪市）など一五都市がさらに省かれた。

金沢（二三位）、古都の奈良（八〇位）が大規模な空襲を受けなかったのは、順位が低かったり、爆撃当日の天候が悪かったため。鎌倉（一二四位）に順番がまわってくるまでに戦争は終わった。ワリを食ったのは浜松（二九位）だ。ときに爆弾が余る。爆弾を抱えての帰投・着陸は危険性が大。その際は浜松に投棄せよ。この指令のため、大小三〇回の空襲に遭っている。

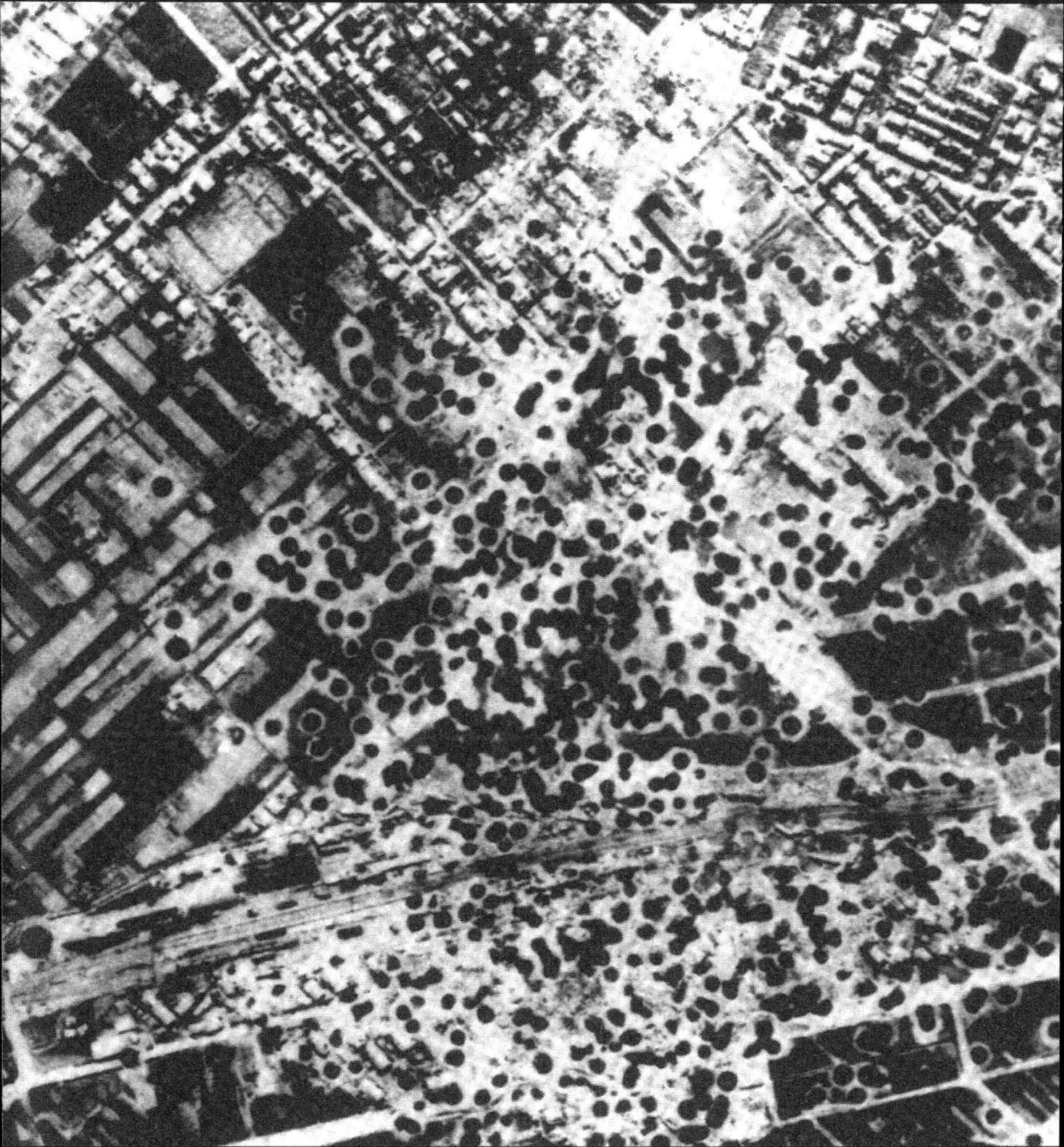

海軍航空隊、陸軍燃料厰のある岩国市は、終戦前日の昭和20年8月14日に
大空襲をうけた。無数の孔は絨毯爆撃の跡（岩国駅周辺）

山の手大空襲…表参道の石灯籠が伝えるもの

明治神宮の創建は大正九年。陸軍の練兵場があった代々木ヶ原に、明治天皇を神とまつるため、政治的人工的に設けられた神社だ。巨岩（イワクラ）、滝、山岳、太陽、海など自然崇拝から発生した日本古来の神道とは、意を異にする。

本殿竣工の翌年から参道が整備され、二〇一本のケヤキが植えられ、青山通りと交差するところに左右二基のひときわ大きな石灯籠が置かれた。

昭和二十年五月二十五日、「山の手大空襲」では、渋谷、広尾、赤坂、青山、麻布一帯が猛火に包まれる。逃げまどう人びとは、土塁で囲った東宮御所*には入れず、緑地帯のある明治神宮、青山墓地をめざして殺到。青山通りは家財道具を積み込んだ大八車、リヤカーで通行不能に。ケヤキは裂けて炎上。表参道は熱風・火焔の通り道、いわば巨大な煙突となった。力つきて石灯籠のたもとで倒れる人びとが続出。黒焦げになった死体。ぶすぶすと音を立てて燻る死体……。石灯籠にはかすかに、褐色の模様が残っている。焼死体の脂が染みついたものだ。台座は爆撃で欠けたままになっている。

参道角の安田銀行（現・みずほ銀行）はコンクリート造り。建物の背後に回れば火が避けられると人びとが殺到。同行のまわりには二階まで焼死体が積み上げられ、伊藤病院（現存）近くの壕では、数十人がぎっしり団子状になって蒸し焼きに。翌日から死体を陸軍兵がシャベルでトラックに積み込んでいった。石灯籠の脇にある山陽堂書店（現存）は元は豆腐店で、業務用だった地下室の井戸水を使って消火にあたった。そのおかげで百名ほどの人びとが救われた。

＊早大構内に逃げ込んだ牛込区の人びとは助かった。東宮御所（赤坂御用地）が門戸を開放し、人びとを誘導していれば、1,000人単位で「皇民」の命が救われていただろう。

青山警察署脇の火除け地（延焼防止のための空き地）に集められた焼死体（撮影・石川光陽）

有楽町駅中央改札口（昭和二十年一月　撮影・石川光陽）

防空退避訓練（東京・銀座　昭和十九年）

東京・丸の内一帯の空襲（昭和二十年一月）。
手前は東京駅。屋根が木造のため、火が上に抜け、
躯体は崩壊せずに残った

焼け跡の大衆浴場（東京・九段　撮影・別所弥八郎）

第六章

戦い終えて、わかったこと

とっておきの京都…原爆投下の候補地

なぜ、京都に戦禍が及ばなかったか。山紫水明の地。歴史ある町並み。人類の宝である文化財の数かず……。古都に敬意を表し、さすがの米軍も京都の爆撃を避けてきた。そういう通説がある。

しかし実際には、東山区馬町の深夜の爆撃（東山空襲　昭和二十年一月）にはじまり、右京区春日（三月）、右京区太秦（四月）、そして京都御所（五月）と、空襲は度重なった。西陣空襲（六月　上京区出水）は民間人の即死四三名、全壊家屋七一戸。

これらの空襲は総じて小規模で終わった。どうしてなのか。

——原爆投下の候補地になっていたからだ。

人口百万の都市がほぼ無傷で残り、市街地がほどよい大きさで、原爆の威力が市街地全体に及び、碁盤の目の町割りのため、効果が正確に測定できることから、一九四五年五月、ワシントンで開かれた目標選定委員会では、重要度の順に京都、広島、横浜、小倉の四都市がリストアップされた。

結果的に京都が大規模な戦災を免れたのは、陸海軍の基地・軍需工場が少なく、原爆の投下候補地として温存されたことによる。

天皇制と官僚機構は間接統治のために存続させるが、日本人の戦意喪失を図るために、かれらの多大な反発を買うだろうが、最後は京都に原爆を——。米政府内部で決定された案である。

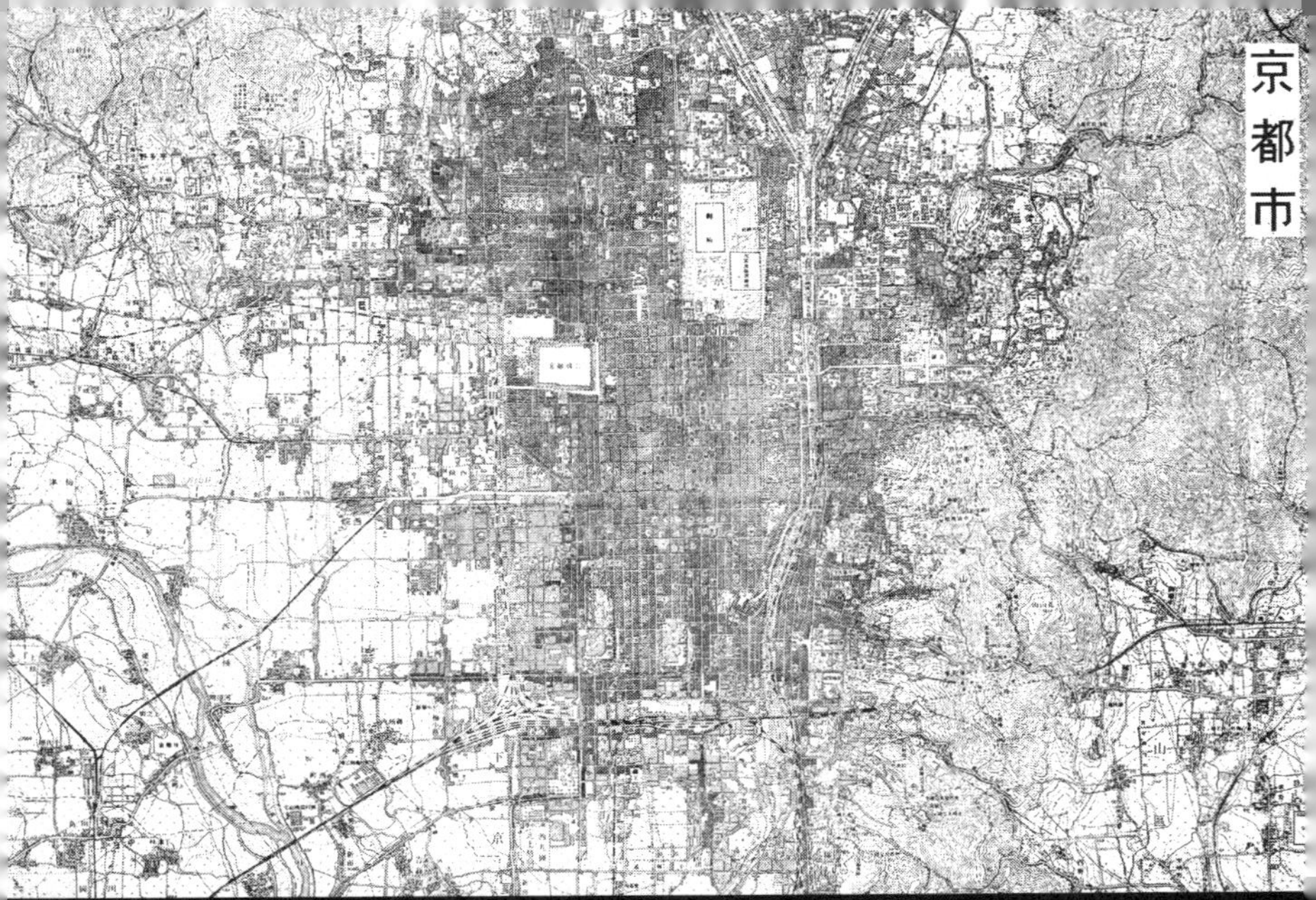

京都市の戦災概況図。黒の部分が被災。復員兵が一番知りたがったのは故郷の現状。第一復員省（当時）は異例のスピードで、北は釧路から南は鹿屋まで157都市の被災地図を作成した

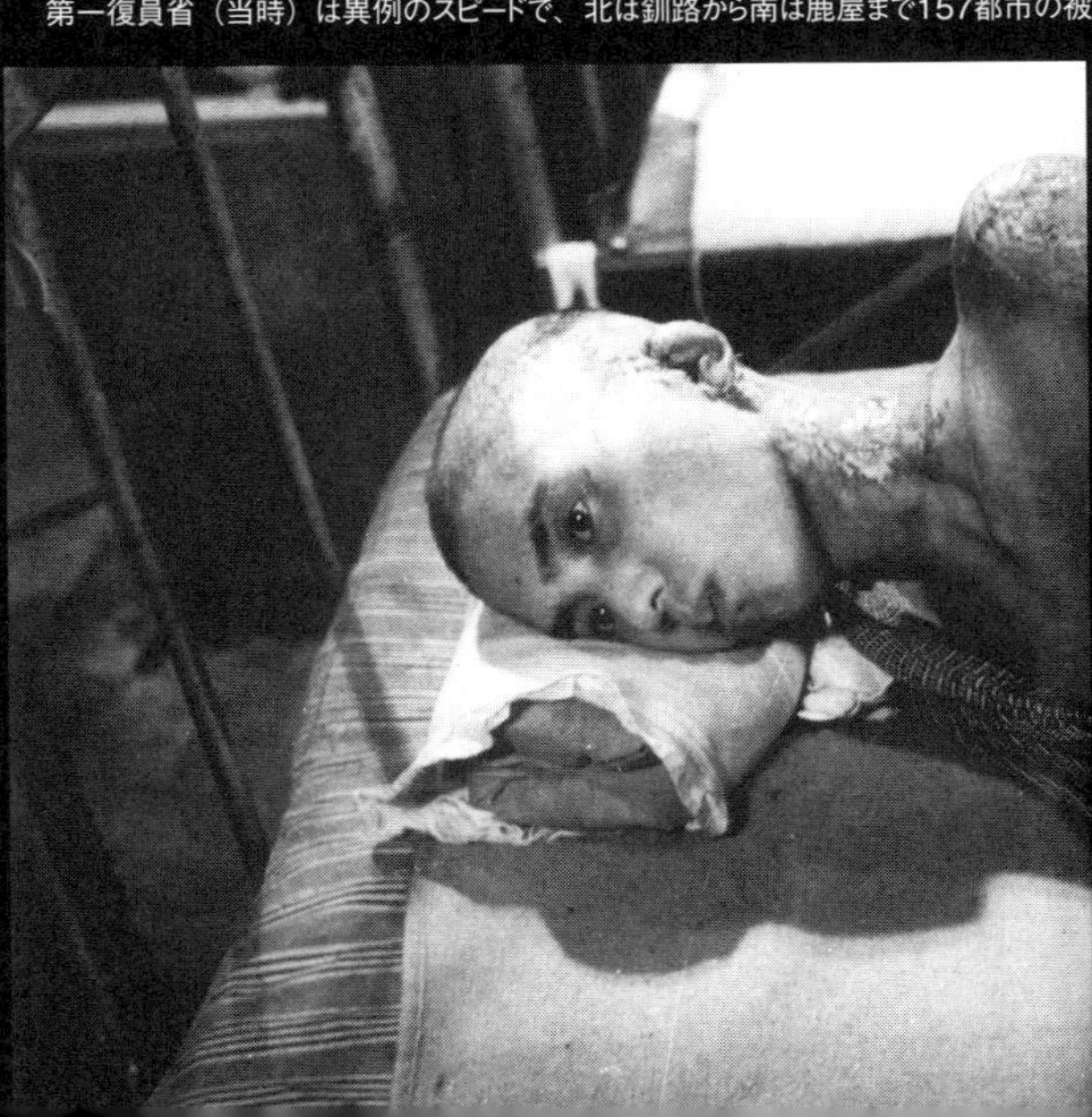

被爆した佐々木忠孝さん。火傷、脱毛、下痢、発熱四〇度……。広島城内にあった中国軍管区兵器部の新兵だった（昭和二十年十月　撮影・菊池俊吉）

兵器開発…米軍より優秀だった魚雷と潜水艦

終戦後、日本に派遣された連合国の技術調査団は、いくつかの興味深い報告書を残している。かれらが一様に評価しているのは海軍の魚雷。米英軍にくらべて、火薬の搭載量が多く、水中の潜行距離も長い。しかも速度があり、航跡が残らない。

また、軽巡洋艦より大きな潜水艦・伊四〇〇型にも仰天している。攻撃機三機を搭載する「潜水空母」は連合国軍にまだなかった。設計上は将兵一五〇名を乗せ、地球一周、ひと月以上の航続が可能で、世界中どこの海からでも攻撃をおこない、そのまま無寄港で日本に帰還できた。

米軍報告書は、「わが国の東海岸を十分に攻撃できる性能をもつ。戦争末期に三隻しか完成されなかったことは幸運だった。大量に建造されていればワシントンD.C.やニューヨークも標的となっていただろう」と驚きを隠していない。

伊四〇〇型をパナマ近海に配置して、運河の閘門《こうもん》を破壊し、米英軍の大西洋から太平洋への移動を阻止する作戦も立案された。しかし、大部分の艦隊は移動ずみで、真珠湾以上に壮大な計画は見送られた。

同艦の開発にあたったのは東京帝大の第二工学部。最先端技術の供与のため、軍部の要請で千葉市に設けられた新学部で、工学部の入学生は従来からあった工学部と第二工学部に機械的に振り分けられた。化学、航空原動機、冶金など兵器に転用可能な分野を研究。なかでも船舶学科、造兵学科には第一級の俊英が集められた。

竹槍で米兵を刺殺する訓練は全国でおこなわれた

日本人の一部は、新型爆弾（原爆）を上回る秘密兵器を海軍が製作中で、いつの日か起死回生の勝負に打って出ると信じていた。

劣勢挽回の秘密兵器として、広く世間に流布し、市井の人びとがもっとも期待していたものが「殺人光線」だった。

「電気透熱法」の原理を利用し、ある種の電波を人体に照射すると、脂肪や骨に吸収され、高熱を生じ、細胞組織を破壊する。波長が短いほど破壊力が増し、人体ばかりではなく、エンジンの動きも停止できるとされた。強力な光線を発する装置を東京湾、大阪湾沿いに設置すれば、「空の要塞」B29を撃退できると、人びとは完成を切望した。

熱線誘導兵器の研究を一貫して率いてきたのは、興亜工業大学（現・千葉工業大学）の創立メンバーで、内閣技術院総裁の八木秀次。硬骨漢で、敗色濃厚な昭和二十年、衆議院予算委員会で「技術当局は日本軍兵士が無駄死にしない『必中兵器』を生み出す責任があるが、それ以前に必死必中の特攻隊を必要とする戦局になり残念」と答弁。暗に軍部を批判した。

東京芝浦製作所（現・東芝）などでも電磁波は研究されたが、実用に難があった。戦後、米軍の報告書は「金属板で遮断すれば問題はない。B29はエンジンも乗員室も金属で覆われている。地上戦で米兵に対して照射するにしても、電源が必要で大きな反射鏡を背負わなければならない」と効果を疑問視している。

八木は戦後、このレーダーの研究をもとに八木アンテナを創業。テレビアンテナを世に送り出した。

現在でも沖縄県内では遺骨収集がつづいている（沖縄県南部）

白兵戦は過去のものに。近年の中東の戦闘ではドローンを使い、カリフォルニアの空軍基地でコーヒー片手に、衛星からの画像を見ながら土漠に伏せる敵兵を一人ひとり殺している

昭和二十年八月九日、ソ連（現・ロシア）が突如、満州に侵攻した。満州、朝鮮半島からの引き揚げ者には、大混乱のなか、現地で朝鮮・韓国人、ソ連兵、中国人に暴行・強姦され、妊娠したり、性病にかかった女性が少なからずいた。博多港上陸の直前に投身自殺する女性もあらわれた。

京城帝大医局の医者らからなる在外同胞援護会の救療部は、帰還船内での聞き取り調査を実施。予想以上の女性の性被害に驚き、厚生省（当時）に緊急事態を報告した。

あわてた厚生省は引揚援護庁が主体となり、昭和二十一年三月、福岡市近郊の二日市（現・筑紫野市）に、愛国婦人会の宿泊施設を改造し「保養所」を設置。佐世保、舞鶴などの主要引揚港に婦人相談所を置き、十五歳から五十五歳までの女性に面談を義務づけた。こうして極秘のうちに女性たちを収容し、堕胎手術をおこなった。——施術者数三八〇名。性病治療三五名。

手術室は元・温泉浴場。麻酔薬、消毒薬、ガーゼも十分になく、女性たちは目隠しをされただけで、タオルを口にくわえ、激痛に耐えた。

天皇制に代表されるように、血統を重視し、男子を優位とする父系制の社会では、異なる人種の子どもを生んだ母親、あいだに生まれた子どもは厳しい差別に遭う。女性被害者も国家もそのことを承知しており、このような「保養所」が設けられた。

しかし、例外もある。母系制が濃厚で、多元文化の沖縄では、混血児も混血児を生んだ女性も強く排除されることは稀で、地域社会に包摂されることが多かった。

二日市保養所

朝鮮から博多港に着いた引き揚げ船

東条英機の自殺未遂…狂言だったのか

米陸軍の報道部員ジョージ・バーンズ伍長は、昭和二十年九月、新橋のホテルの大食堂で昼食の最中だった。つかつか寄ってきたのが顔見知りの米紙の記者。

「君はその魚フライを食べたい？　それともトージョーがしょっ引かれるのを見たいかな」

伍長はカメラを片手に車に飛び乗り、都内用賀に急行した。

A級戦犯容疑で身柄拘束される寸前で、東条邸の前には談話をとろうと、新聞記者がたむろしていた。元首相は二日前から自宅に籠もったまま。記者をなかに入れようとはしない。

やがて第一騎兵師団の憲兵隊が到着。横浜の連合国軍司令部に東条を連行するという。憲兵は大きな声で来訪を告げた。「なに用か」と開戦時の首相は窓から顔を出した。通訳を介し正式な使者とわかった。一同に玄関にまわるようにいい、渋い表情で首を引っ込めた。

玄関はカギがかかっていた。突然、発砲音がした。ドアを蹴り破る憲兵隊。つづいて伍長も自宅に入った。ぐったりと椅子に横たわっている男がいた。愛馬にまたがり中国の町に凱旋する自身の肖像画。その額の下でうめき声をもらしていた。寝台の上で死にたいという。

一時間ほどで日本人の医者が、つづいて米軍医が来て輸血をはじめた。*

死体が自分とわかるよう頭部ではなく、心臓を狙って拳銃の引き金を引いたという。しかし、的をはずした。使ったのは殺傷力に乏しい32口径のコルト。それが自殺狂言説につながった。結局、一命をとりとめ、昭和二十三年十二月、巣鴨監獄で絞首刑となった。

＊「殉教者にするな」。GHQの判断で、日本にただひとつの米軍病院（横浜本牧）で手厚い看護をうけた。軍人らしく切腹せよ。時期が遅い。未遂事件に世間の批判が高まった。

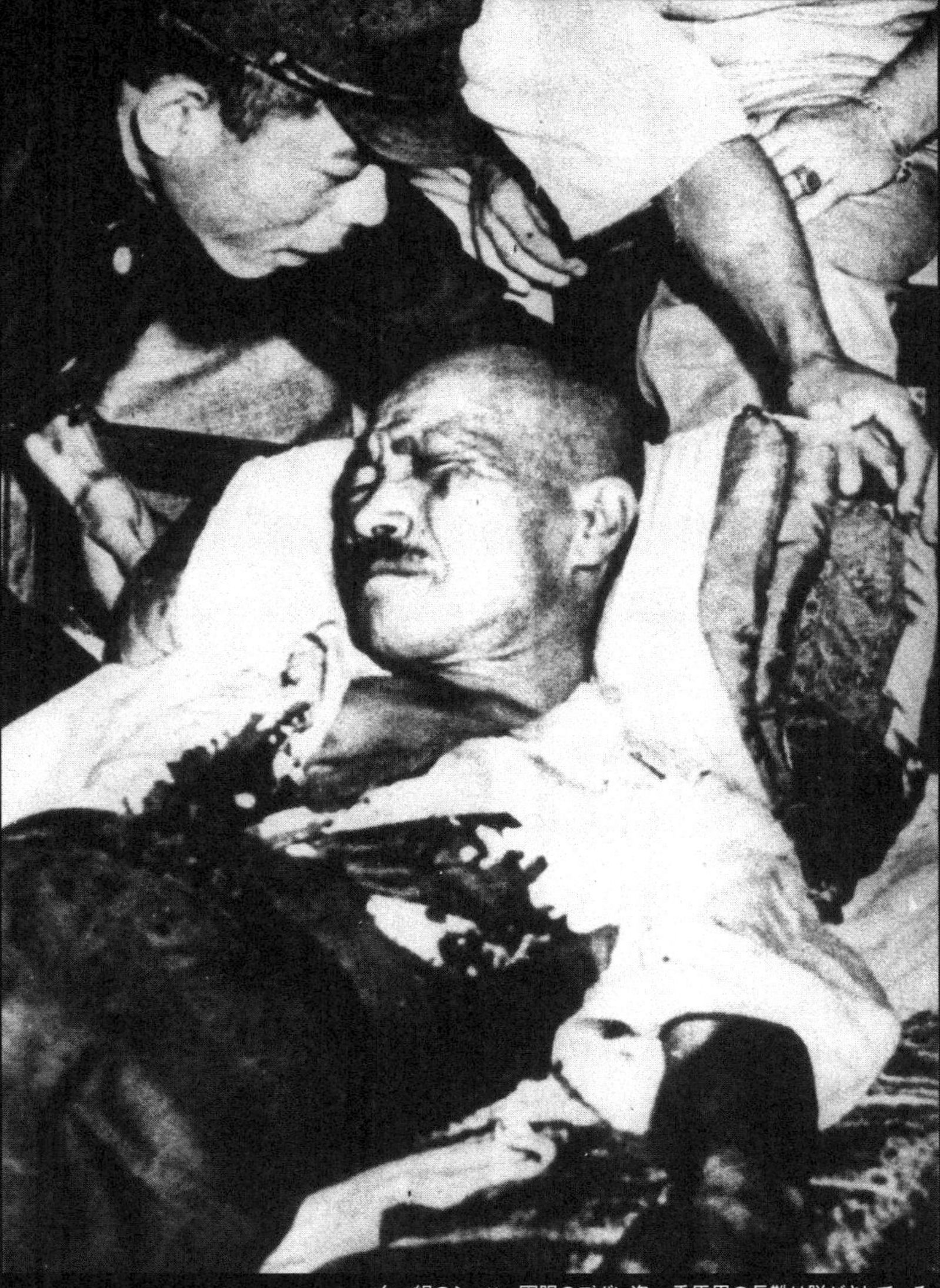

白い絹のシャツ、軍服のズボン姿。乗馬用の長靴は脱がされている。
乗馬が趣味で町内や国会議事堂の周辺を愛馬でしばしば闊歩。
途中、魚や野菜の配給が機能しているか調べるため、家々のゴミ箱を覗いて回った

国民性…戦争と植民地経営に向かない我ら

「おなじ武器をもたせれば、中国兵のほうが強いやろなあ」

満州独立守備隊（関東軍の前身）にはじまり九年間、中国大陸を転戦した元軍曹はそう述懐していた。

「なにせ中国人は粘り強い。あきらめへん。ごっつい生命力があり、たくましい。むこうの装備が劣っていたから、日本軍はなんとか、ちょぼちょぼの勝負ができたんや」

共産党軍とはちがい、幹部が腐敗していた国民党軍は戦闘意欲にかけ、士気が低いと思っていたが、そうではないらしい。

「機関銃は連射すると砲身が熱くなる。白兵戦になったとき、中国兵が飛び込んできて、味方が撃たれへんように砲身にしがみつく。ジュッという音。肉が焦げる臭い。いまでも思い出すなあ。腕がぶらぶらで取れかかってても、残った片手で銃を撃ってきよる」

どんなかたちでもいい、生きて還りたい——現世志向が濃厚なのだろう。

ひきかえ日本人はどうか。「一億玉砕」、「斬り込み突撃」、「集団自決」……。自らを民草といい、命を鴻毛《こうもう》と思い、無用無念の死を重ねてきた。司馬遼太郎は、米軍の重火器により、葦のごとくなぎ倒されるベトナム兵を、植物のような死と書き記している。日本人もまた……。

異国民を懐柔して甘い汁を吸う植民地経営にも、酷薄さ・冷徹さが求められる。植民地経営も戦争も、我々には不向きだった。領土や資源の奪い合いではなく、これからは技術、知識、文化などのソフトでメシを食っていければいい。大戦で得た実感だろう。

復員した兵士を迎える人びと（昭和22年5月）

日米合同委員会…影の最高意志決定機関

通商・防衛・言論・金融財政・原発など、あまたの分野で、日本は米国の意向を無視できない。いや、必要以上に米国の心証を忖度《そんたく》している。

日米の軍事の諸政策は、国会や閣議ではなく、実質的には日米合同委員会で協議・決定される。裁判権や航空機の飛行など米国の治外法権を許す「日米地位協定」は、日本の法体系より上に位置する。この運用を検討する実務者会議だ。安保条約の締結（一九六〇年）と同時に設置。「米国追従」が半ば戦後の国是だから、日本外交の基調、立ち姿はこの場で醸成されるといってもいい。しかし、「パックス・アメリカーナ」は世界のいたるところで破綻。米国に目をつむってついていくのは、今や日本のみ。「親方米国」を象徴するような会議だ。

両国の代表は、在日米軍司令部副司令官と外務省北米局長。米側は公使、陸軍・海軍・海兵隊司令部の参謀長ら、日本側は法務省大臣官房長、農水省経営局長、防衛省地方協力局長、財務省大臣官房審議官らが出席する。

三五の分科会・部会があり、月ほぼ二回もちまわりで開催。米国主催の会場はニュー山王（東京都港区南麻布）。表向きはプール、ジム、和洋食堂をそなえた米軍の宿泊保養施設だが、CIAや米海軍情報部の拠点のひとつ。使用通貨は米ドルのみ。一般市民や記者は立ち入れない。

合意事項の詳細は保秘。一部は外務省・防衛省のホームページに簡潔に載るが、当然のごとく、口あたりのよいように加工されている。特定機密保護法の施行（二〇一四年）によって、日米の取り結んだ細部について、我々が知ることは一段と難しくなった。

ニュー山王米軍センター。明治通りに面した一等地にあり、日本の主権が及ばない。
赤坂にあった旧・山王ホテルとまったく同規模で日本政府の予算により建設された

枢軸国の協調の意志が最高潮に達した「日独伊三国同盟」締結の祝賀会（昭和15年9月　外相官邸）。
右から三人目が松岡洋右外相。一人おいて東条首相。帝国ホテルでも同月、政府主催の祝賀会が催された

リクルートの本来の意味は新兵募集。欧米では、忌まわしい言葉とされる。戦争になったら、国営の軍隊が最大の就職先となる。

悪名は無名より尊し。歴史に名を刻みたい。産業界の推す最新兵器を使ってみたい。失政をごまかし、民衆の気をそらせたい。世の閉塞感を一掃したい……。さまざまな理由で、戦争の解禁を権力者は模索する。第一歩は、集団的自衛権の法制化。ついで憲法九条の改定――メディアは「改正」をつかうが正しくは「改定」だろう。

集団的自衛権とは、内田樹によれば「アメリカのケンカを買ってでる権利」。日本と戦争をする意志がない国と殴り合うことだ。これで、自衛隊を海外で戦わせる法的根拠ができる。戦闘となれば当然、自衛隊員から戦死者が出る。数名のうちは英雄扱いだが、数百名単位に及ぶと、特殊な使命感をもつ一部の青年を除き、自衛隊はもっとも忌避される職場に。

災害復旧、人道支援のうちはいいが、戦死が日常茶飯となると、志願者は激減する。自衛隊法では定員が決められている。自衛隊を維持するため、国家は知恵を絞る。除隊後の国立大学の推薦入学・学費軽減、国家公務員への優先採用などで勧誘するだろう。

――最後は徴兵制の復活だ。義勇兵役法（昭和二十年六月公布）では十五歳から六十歳までの男子、十七歳から四十歳までの女子が兵役の対象になった。

そうなると、富裕層は海外移住、海外での出産（他国の国籍取得）、小学校からの早期留学、事業・資産の移転と、手を打つだろう。戦争で貧乏くじを引くのは――いつも一般庶民。

日の丸をたすきに出征（昭和二十年五月　以下すべて東京・板橋にて撮影）

早大生の学徒出陣。

教員の出征のぼり（市立第九中学校　現・都立北園高校）

歓呼して送られる兵士

出征兵士の壮行祝賀会

神社に集まった出征兵士

妻と三児をおいて戦場へ

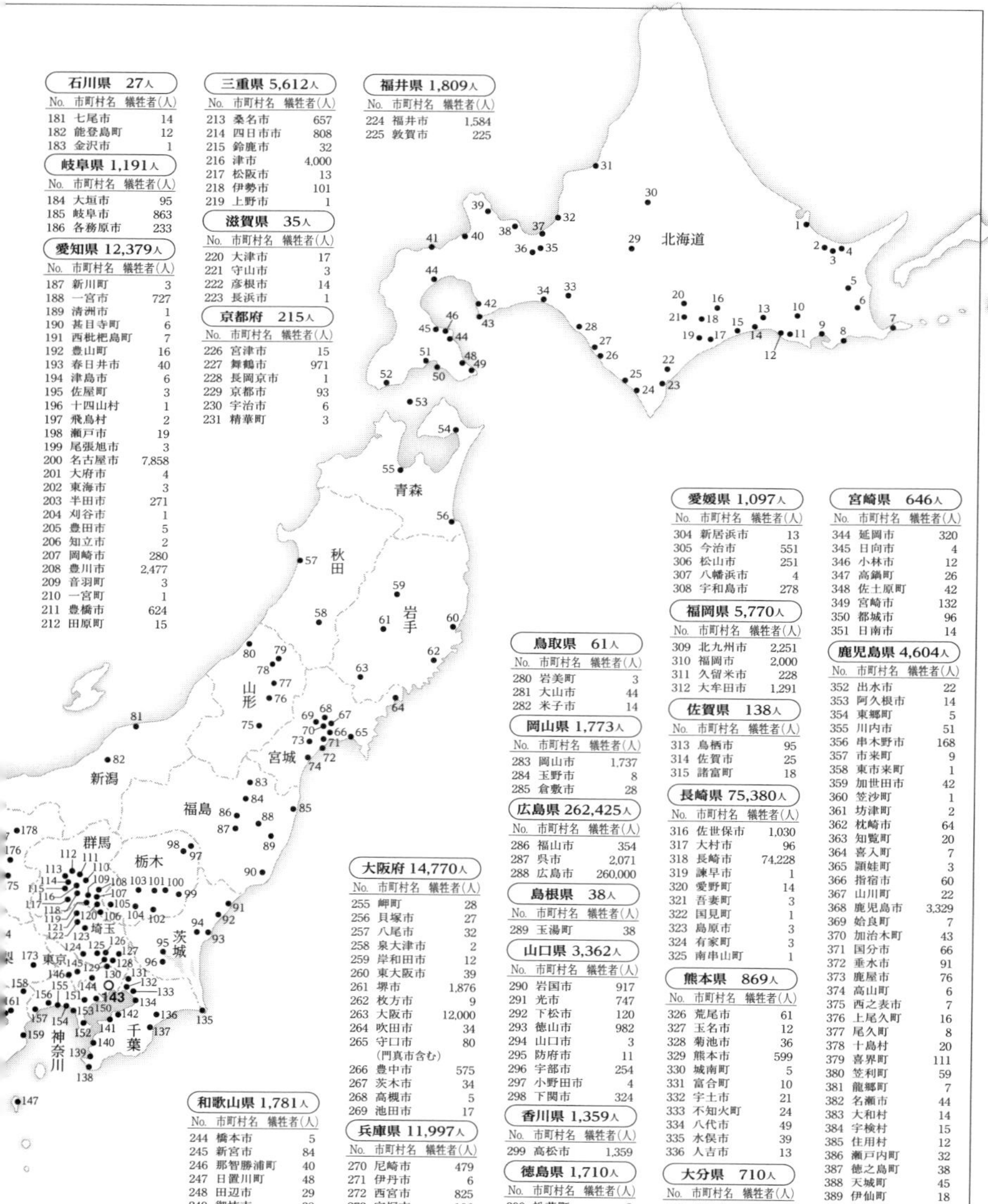

石川県 27人

No.	市町村名	犠牲者(人)
181	七尾市	14
182	能登島町	12
183	金沢市	1

岐阜県 1,191人

No.	市町村名	犠牲者(人)
184	大垣市	95
185	岐阜市	863
186	各務原市	233

愛知県 12,379人

No.	市町村名	犠牲者(人)
187	新川町	3
188	一宮市	727
189	清洲市	1
190	甚目寺町	6
191	西枇杷島町	7
192	豊山町	16
193	春日井市	40
194	津島市	6
195	佐屋町	3
196	十四山村	1
197	飛島村	2
198	瀬戸市	19
199	尾張旭市	3
200	名古屋市	7,858
201	大府市	4
202	東海市	3
203	半田市	271
204	刈谷市	1
205	豊田市	5
206	知立市	2
207	岡崎市	280
208	豊川市	2,477
209	音羽町	3
210	一宮町	1
211	豊橋市	624
212	田原町	15

三重県 5,612人

No.	市町村名	犠牲者(人)
213	桑名市	657
214	四日市市	808
215	鈴鹿市	32
216	津市	4,000
217	松阪市	13
218	伊勢市	101
219	上野市	1

滋賀県 35人

No.	市町村名	犠牲者(人)
220	大津市	17
221	守山市	3
222	彦根市	14
223	長浜市	1

京都府 215人

No.	市町村名	犠牲者(人)
226	宮津市	15
227	舞鶴市	971
228	長岡京市	1
229	京都市	93
230	宇治市	6
231	精華町	3

福井県 1,809人

No.	市町村名	犠牲者(人)
224	福井市	1,584
225	敦賀市	225

和歌山県 1,781人

No.	市町村名	犠牲者(人)
244	橋本市	5
245	新宮市	84
246	那智勝浦町	40
247	日置川町	48
248	田辺市	29
249	御坊市	38
250	美浜町	51
251	下津町	37
252	有田市	252
253	海南市	48
254	和歌山市	1,212
	他郡部	166

大阪府 14,770人

No.	市町村名	犠牲者(人)
255	岬町	28
256	貝塚市	27
257	八尾市	32
258	泉大津市	2
259	岸和田市	12
260	東大阪市	39
261	堺市	1,876
262	枚方市	9
263	大阪市	12,000
264	吹田市	34
265	守口市 (門真市含む)	80
266	豊中市	575
267	茨木市	34
268	高槻市	5
269	池田市	17

兵庫県 11,997人

No.	市町村名	犠牲者(人)
270	尼崎市	479
271	伊丹市	6
272	西宮市	825
273	宝塚市	106
274	芦屋市	145
275	三田市	5
276	神戸市	8,414
277	明石市	1,464
278	姫路市	514
279	相生市	39

鳥取県 61人

No.	市町村名	犠牲者(人)
280	岩美町	3
281	大山市	44
282	米子市	14

岡山県 1,773人

No.	市町村名	犠牲者(人)
283	岡山市	1,737
284	玉野市	8
285	倉敷市	28

広島県 262,425人

No.	市町村名	犠牲者(人)
286	福山市	354
287	呉市	2,071
288	広島市	260,000

島根県 38人

No.	市町村名	犠牲者(人)
289	玉湯町	38

山口県 3,362人

No.	市町村名	犠牲者(人)
290	岩国市	917
291	光市	747
292	下松市	120
293	徳山市	982
294	山口市	3
295	防府市	11
296	宇部市	254
297	小野田市	4
298	下関市	324

香川県 1,359人

No.	市町村名	犠牲者(人)
299	高松市	1,359

徳島県 1,710人

No.	市町村名	犠牲者(人)
300	松茂町	2
301	徳島市	1,700
302	海南町	8

高知県 487人

No.	市町村名	犠牲者(人)
303	高知市	487

愛媛県 1,097人

No.	市町村名	犠牲者(人)
304	新居浜市	13
305	今治市	551
306	松山市	251
307	八幡浜市	4
308	宇和島市	278

福岡県 5,770人

No.	市町村名	犠牲者(人)
309	北九州市	2,251
310	福岡市	2,000
311	久留米市	228
312	大牟田市	1,291

佐賀県 138人

No.	市町村名	犠牲者(人)
313	鳥栖市	95
314	佐賀市	25
315	諸富町	18

長崎県 75,380人

No.	市町村名	犠牲者(人)
316	佐世保市	1,030
317	大村市	96
318	長崎市	74,228
319	諫早市	1
320	愛野町	14
321	吾妻町	3
322	国見町	1
323	島原市	3
324	有家町	3
325	南串山町	1

熊本県 869人

No.	市町村名	犠牲者(人)
326	荒尾市	61
327	玉名市	12
328	菊池市	36
329	熊本市	599
330	城南町	5
331	富合町	10
332	宇土市	21
333	不知火町	24
334	八代市	49
335	水俣市	39
336	人吉市	13

大分県 710人

No.	市町村名	犠牲者(人)
337	日田市	2
338	中津市	17
339	宇佐市	330
340	別府市	3
341	大分市	177
342	津久見市	131
343	佐伯市	50

宮崎県 646人

No.	市町村名	犠牲者(人)
344	延岡市	320
345	日向市	4
346	小林市	12
347	高鍋町	26
348	佐土原町	42
349	宮崎市	132
350	都城市	96
351	日南市	14

鹿児島県 4,604人

No.	市町村名	犠牲者(人)
352	出水市	22
353	阿久根市	14
354	東郷町	5
355	川内市	51
356	串木野市	168
357	市来町	9
358	東市来町	1
359	加世田市	42
360	笠沙町	1
361	坊津町	2
362	枕崎市	64
363	知覧町	20
364	喜入町	7
365	頴娃町	3
366	指宿市	60
367	山川町	22
368	鹿児島市	3,329
369	始良町	7
370	加治木町	43
371	国分市	66
372	垂水市	91
373	鹿屋市	76
374	高山町	6
375	西之表市	7
376	上屋久町	16
377	尾久町	8
378	十島村	20
379	喜界町	111
380	笠利町	59
381	龍郷町	7
382	名瀬市	44
383	大和村	14
384	宇検村	15
385	住用村	12
386	瀬戸内町	32
387	徳之島町	38
388	天城町	45
389	伊仙町	18
390	和泊町	19
391	知名町	23
392	与論町	4

沖縄県約 1,500人

No.	市町村名	犠牲者(人)
393	那覇市ほか	1,500

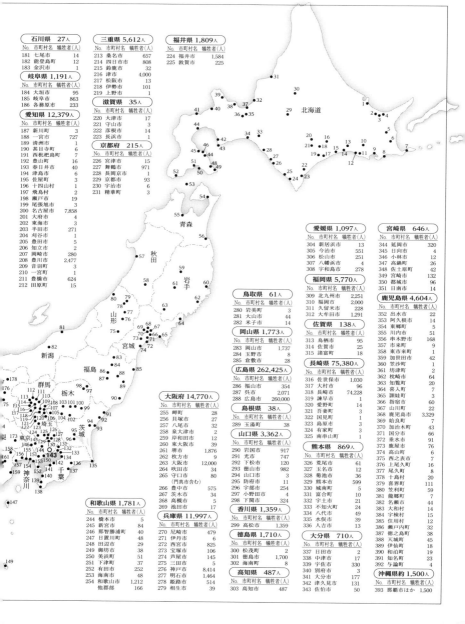

全国空襲被害都市一覧

北海道 1,210人

No.	市町村名	犠牲者(人)
1	網走市	12
2	小清水町	1
3	清里町	1
4	斜里町	1
5	中標津町	1
6	別海町	1
7	根室市	199
8	浜中町	2
9	厚岸町	5
10	標茶町	2
11	釧路町	6
12	釧路市	193
13	阿寒町	5
14	白糠町	6
15	音別町	9
16	本別町	40
17	浦幌町	3
18	池田町	4
19	豊頃町	2
20	音更町	3
21	帯広市	5
22	大樹町	2
23	広尾町	1
24	様似町	1
25	浦河町	5
26	静内町	3
27	新冠町	2
28	門別町	1
29	富良野市	3
30	旭川市	1
31	留萌市	2
32	厚田村	11
33	厚真町	4
34	苫小牧市	7
35	江別市	3
36	札幌市	1
37	石狩町	13
38	小樽市	10
39	古平町	21
40	岩内町	6
41	寿都町	16
42	伊達市	20
43	室蘭市	436
44	長万部町	4
45	森町	9
46	砂原町	5
47	鹿部町	19
48	南茅部町	5
49	椴法華村	4
50	函館市	71
51	上磯町	2
52	福島町	21
53	青函連絡船	411

青森県 946人

No.	市町村名	犠牲者(人)
54	むつ市	18
55	青森市	906
56	八戸市	22

秋田県 94人

No.	市町村名	犠牲者(人)
57	秋田市	86
58	横手市	8

岩手県 616人

No.	市町村名	犠牲者(人)
59	盛岡市	5
60	宮古市	4
61	花巻市	22
62	釜石市	550
63	一関市	35

宮城県 1,118人

No.	市町村名	犠牲者(人)
64	気仙沼市	11
65	石巻市	6
66	鹿島台町	2
67	小牛田町	12
68	古川市	7
69	三本木町	3
70	塩竈市	2
71	色麻町	3
72	七ヶ浜町	4
73	仙台市	1,066
74	名取市	2

山形県 41人

No.	市町村名	犠牲者(人)
75	山形市	2
76	東根市	3
77	新庄市	5
78	鮭川村	9
79	真室川町	6
80	酒田市	16

新潟県 1,467人

No.	市町村名	犠牲者(人)
81	新潟市	7
82	長岡市	1,460

福島県 661人

No.	市町村名	犠牲者(人)
83	福島市	1
84	本宮市	54
85	原町市	7
86	郡山市	534
87	須賀川市	6
88	大越町	2
89	川内村	3
90	いわき市	54

茨城県 2,452人

No.	市町村名	犠牲者(人)
91	高萩市	2
92	日立市	1,578
93	ひたちなか市	92
94	水戸市	554
95	土浦市	75
96	阿見町	371

栃木県 612人

No.	市町村名	犠牲者(人)
97	那須町	3
98	黒磯町	17
99	烏山町	1
100	高根沢町	5
101	宇都宮市	531
102	真岡市	1
103	鹿沼市	9
104	栃木市	2
105	足利市	43

群馬県 967

No.	市町村名	犠牲者(人)
106	大泉町	111
107	新田町	1
108	桐生市	1
109	伊勢崎市	21
110	富士見村	2
111	北橘村	3
112	渋川市	4
113	吉岡町	2
114	群馬村	1
115	高崎市	7
116	前橋市	538
117	藤岡市	1
118	玉村町	50
119	尾島町	1
120	太田市	254

埼玉県 392人

No.	市町村名	犠牲者(人)
121	深谷市	2
122	熊谷市	246
123	行田市	17
124	狭山市	12
125	川越市	5
126	大宮市	12
127	越谷市	1
128	蕨市	50
129	浦和市	18
130	川口市	29

千葉県 1,450人

No.	市町村名	犠牲者(人)
131	松戸市	8
132	市川市	13
133	船橋市	1
134	千葉市	945
135	銚子市	374
136	成東町	42
137	白子町	17
138	白浜町	5
139	館山市	27
140	鋸南町	14
141	木更津市	2
142	袖ヶ浦市	2

東京都116,959人

No.	市町村名	犠牲者(人)
143	23区	115,000
144	武蔵野市	1,016
145	立川市	290
146	八王子市	615
147	新島村	27
148	神津島村	18
149	八丈町	9

神奈川県 9,190人

No.	市町村名	犠牲者(人)
150	川崎市	768
151	横浜市	8,000
152	横須賀市	17
153	鎌倉市	2
154	藤沢市	20
155	茅ヶ崎市	10
156	平塚市	332
157	小田原市	48

静岡県 6,234人

No.	市町村名	犠牲者(人)
158	小山町	18
159	伊東市	1
160	下田市	76
161	三島市	2
162	沼津市	318
163	清水市	337
164	静岡市	2,010
165	藤枝市	8
166	島田市	35
167	御前崎市	7
168	金谷町	8
169	袋井市	7
170	磐田市	162
171	浜松市	3,239
172	舞阪町	6

山梨県 1,181人

No.	市町村名	犠牲者(人)
173	大月市	54
174	甲府市	1,127

長野県 53人

No.	市町村名	犠牲者(人)
175	長門町	4
176	上田市	1
177	穂高町	2
178	長野市	46

富山県 2,300人

No.	市町村名	犠牲者(人)
179	富山市	2,275
180	新湊市	25

米軍の日本全国無差別空襲爆撃✸大虐殺地図

本土空襲は1942年から始まり、1944年秋以降本格化した。1945年3月以降は、人口密集地への無差別・焼夷弾爆撃、そして6月以降は全国の中小都市まで攻撃目標となった。

空襲による民間人の犠牲者数は、いまだに確定できないが、全国17都道府県で約56万人と推定されている。（地上戦による沖縄県民犠牲者は含まず。また、広島・長崎・東京・大阪・徳島は推定値である。）

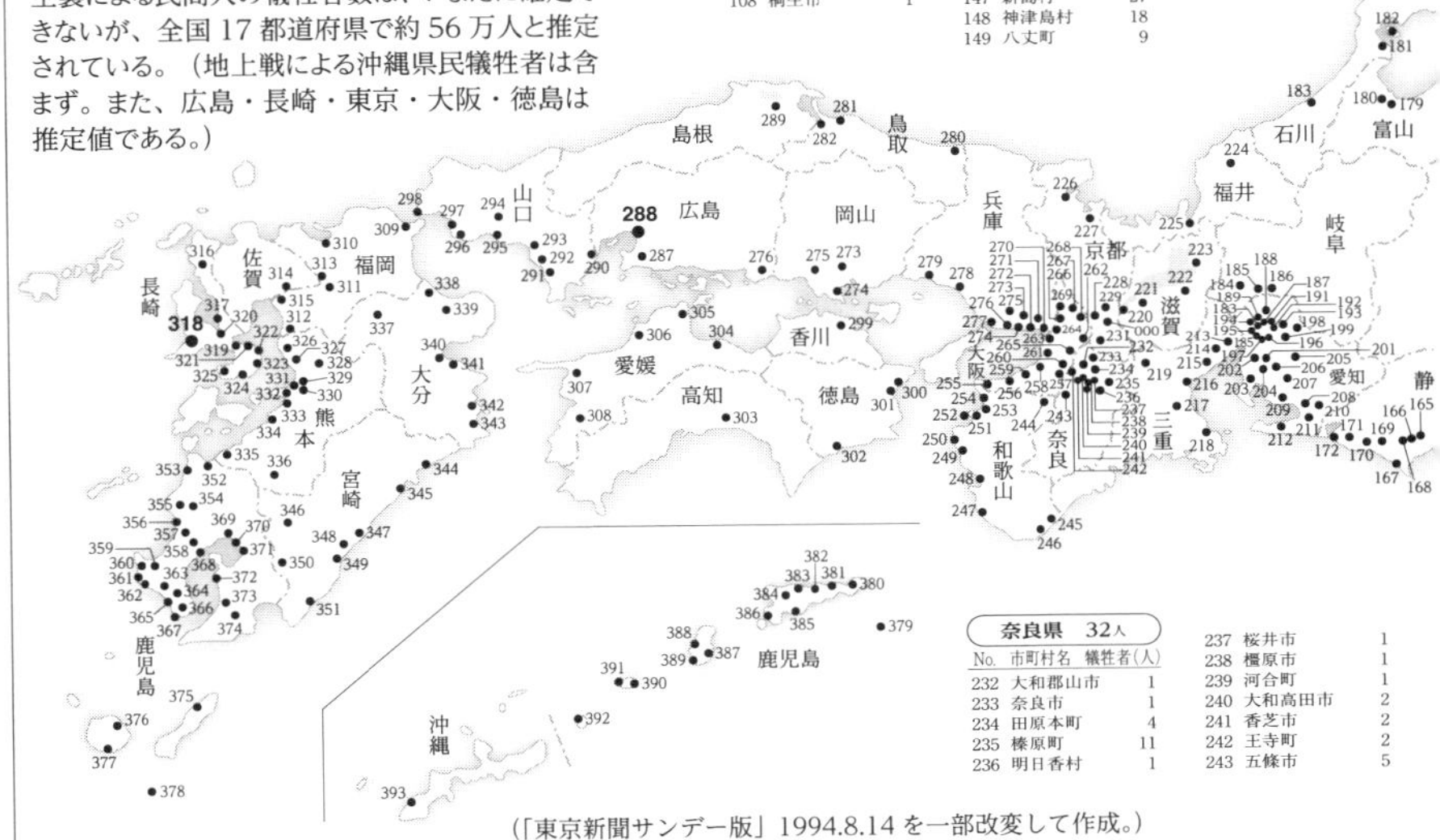

奈良県 32人

No.	市町村名	犠牲者(人)
232	大和郡山市	1
233	奈良市	1
234	田原本町	4
235	榛原町	11
236	明日香村	1
237	桜井市	1
238	橿原市	1
239	河合町	1
240	大和高田市	2
241	香芝市	2
242	王寺町	2
243	五條市	5

（「東京新聞サンデー版」1994.8.14を一部改変して作成。）

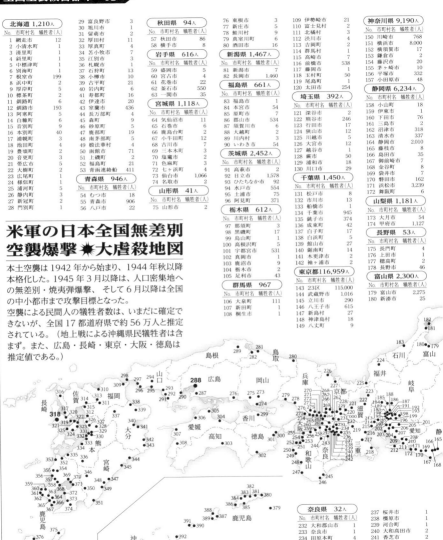

「空襲すべき日本の180都市」

（米第20航空軍司令部文書　1945年7月　マクスウェル空軍基地歴史資料室）

1	東京
2	大阪
3	名古屋
4	京都
5	横浜
6	神戸
7	広島
8	福岡
9	川崎
10	呉
11	八幡
12	長崎
13	仙台
14	札幌
15	静岡
16	熊本
17	佐世保
18	函館
19	下関
20	和歌山
21	横須賀
22	鹿児島
23	金沢
24	堺
25	尼崎
26	小倉
27	大牟田
28	岐阜
29	浜松
30	小樽
31	岡山
32	新潟
33	豊橋
34	門司
35	布施（東大阪市）
36	富山
37	徳島
38	松山
39	西宮
40	高松
41	室蘭
42	高知
43	姫路
44	四日市
45	甲府
46	宇部
47	青森
48	福井
49	川口
50	秋田
51	千葉
52	盛岡
53	久留米
54	若松
55	宇都宮
56	旭川
57	前橋
58	桐生
59	戸畑
60	岡崎
61	日立
62	延岡
63	大分
64	長野
65	八戸
66	松本
67	高崎
68	一宮
69	山形
70	津
71	清水
72	大津
73	長岡
74	宮崎
75	水戸
76	吹田
77	別府
78	釧路
79	八王子
80	奈良
81	銚子
82	大宮
83	浦和
84	高岡
85	防府
86	都城
87	市川
88	郡山
89	福山
90	大垣
91	今治
92	松江
93	沼津
94	宇治山田（伊勢市）
95	宇和島
96	小田原
97	小松
98	弘前
99	岩国
100	船橋
101	佐賀
102	東舞鶴
103	鳥取
104	半田
105	熊谷
106	米沢
107	尾道
108	足利
109	福島
110	若松
111	明石
112	米子
113	直方
114	飯塚
115	岸和田
116	小野田
117	瀬戸
118	豊中
119	諫早
120	平塚
121	新居浜
122	釜石
123	桑名
124	鎌倉
125	岡谷
126	伊勢崎
127	津山
128	芦屋
129	三原
130	徳山
131	川越
132	山口
133	藤沢
134	帯広
135	三条
136	石巻
137	日田
138	土浦
139	彦根
140	鶴岡
141	池田
142	玉野
143	松阪
144	上田
145	飾磨（姫路市）
146	川内
147	能代
148	立川
149	西条
150	八代
151	伊丹
152	下松
153	三島
154	宮古
155	佐伯
156	新宮
157	萩
158	浜田
159	倉敷
160	酒田
161	福知山
162	八幡浜
163	敦賀
164	唐津
165	高山
166	栃木
167	島原
168	高田
169	平（いわき市）
170	七尾
171	舞鶴
172	柏崎
173	洲本
174	中津
175	海南
176	館山
177	飯田
178	丸亀
179	多治見
180	熱海

＊カッコ内は筆者の註

参考文献

『沖縄戦　衝撃の記録写真集』　月刊沖縄社　一九八八
『写真記録　これが沖縄戦だ』　大田昌秀編著　那覇出版社　一九七七
『日本最後の闘い　沖縄戦　記録写真集』　月刊沖縄社　一九七七
『記録写真集　2　沖縄戦と住民』　月刊沖縄社　一九七八
『別冊歴史読本　日本大空襲　朝日新聞社「写真が語る戦争」取材班　朝日新聞出版　二〇〇九
『秘蔵写真が語る戦争』　日本列島を焼き尽くした米軍の無差別爆撃』　新人物往来社　二〇〇七
『別冊歴史読本　沖縄戦記録　死闘の島でなにが起きたか』　新人物往来社　二〇〇八
『母と子でみる20世紀の戦争　太平洋戦争』　草の根出版会　二〇〇一
『母と子でみる20世紀の戦争　重慶からの手紙』　早乙女勝元篇　草の根出版会　一九八九
『詳説図解　サイパンの戦い　「大場栄大尉」を読み解く』　近現代史編纂会　山川出版社　二〇一一
『グラフィック・レポート　痛恨の昭和』　石川光陽　岩波書店　一九八八
『グラフィック・レポート　東京大空襲の全記録』　石川光陽　岩波書店　一九八八
『米軍による日本兵捕虜写真集』　山本武利編　青史出版　二〇〇一
『沖縄戦を生きた子どもたち』　大田昌秀　クリエイティブ21　二〇〇七
『日本皇族的台湾行旅　蓬萊仙島菊花香』　陳煒翰　玉山社出版事業股份有限公司　二〇一四
『日本空襲の全貌』　平塚柾緒　洋泉社　二〇一五
『十五年戦争極秘資料集』　高崎隆治　龍渓書舎　一九七六
『昭和天皇と戦争』　ピーター・ウエッツラー　守山尚美・訳　原書房　二〇〇二
『沖縄戦と民衆』　林博史　大月書店　二〇〇一
『NO　MORE　WAR　娘たちのみた戦火』　創価学会女性平和文化委員会　第三文明社　一九八五
『世界戦争犯罪事典』　監修：秦郁彦　佐瀬昌盛　常石敬一　文藝春秋　二〇〇二
『米軍が恐れた「卑怯な」日本軍』　一ノ瀬俊也　文藝春秋　二〇一二

あとがき ——大阪の居酒屋クラスノから

環状線大正駅から歩いて三分。路地のなかほどに「クラスノ」がある。上方の居酒屋愛好者には名が知れた店で、うまい、安い、気分いい。つきだし（無料）のエンドウ豆の煮びたしが、小皿からあふれんばかり。みんなに気軽に腹いっぱい飲み食いしてほしい。店の願いが最初のひと皿に込められている、と常連客は勝手に承知している。

店名の由来は西シベリアのクラスノヤルスクから。先代店主は満州の開拓団員。一兵卒で現地召集。二年間、極寒の地に抑留された。

思い出したくないこと、辛いことのほうが多かったに違いない。あえて店の名前にしたのは、どういうわけだろうと思いつつ、生鮨《きずし》（これもおいしい）に箸をのばす。

本書は国内の記述が中心で、国外での戦争や事績の言及は少なく、とくに朝鮮、旧満州は手薄になっている。そのため、日本人＝被害者のきらいはあるが、「帝国日本人」は加害者でもあり、アジア・太平洋地域では、侵略者、圧制者、まれに解放者として記憶されている。

また、米軍撮影の記録写真は「帝国市民」、日本兵（の戦死者）が被写体のものが多いが、いうまでもなく米国も数多くの犠牲者を生んでいる。日本軍に余裕があったなら、同様に米兵の凄惨な写真を撮っていたことだろう。

名伯楽の村井三夫さん。お導き、ありがとうございます。ふるさとの宇和島も米軍の爆撃にあっていますね。

現代書館の代表・菊地泰博さんには洵に適切な助言の数々をいただきました。菊地さんの宮城県北部の生家はコメ問屋。当時、コメなどの物資輸送の主役は鉄道。あるとき、チッキ（鉄道小荷物）で送った布団が東北本線一関駅の空襲で灰になったそうです。

筆者の桑名の実家は、空襲で全焼しました。当時、中学生だった父は位牌を抱えて逃げるのが精一杯。戦時中、熊野の都・新宮。母親はたまたま手に入った一個の飴玉をかなづちで割って、きょうだい三人で分けたといいます。

装丁・本文デザインの箕浦卓さん。悲惨な内容を上等、典雅な意匠でくるんでくださいました。箕浦さんの父上は名古屋大空襲の夜、名古屋帝国大学の工学部めざして、自宅で受験勉強の最中。理工系に進めば徴兵猶予されるため、ロウソクを灯し、押入れに籠り、文字どおり命をかけて勉強していました。そして逃げ遅れて被弾。手に裂傷を負ったそうです（名大には無事合格）。

こういう話は、どちらの家庭にも伝わっていることでしょう。


掲載させていただいた写真のほとんどがパブリック・ドメインとなっています。撮影し、編集し、印刷・製本・販売に携わってくださったすべての方がたに感謝いたします。ウェーク島、台南の写真は著者の撮影。著作権を放棄します。よろしければご自由にお使いください。

「儲けなど、二の次ですわ。値段もずっと昔のまま。みなさんによろこんでもらえたら、なによりや」とクラスノのおやじさん。

そのかたわらで、「許すが忘れない」――そう思い至ったのかもしれない。

クラスノはおやじさんが亡くなり、しばらく店を閉めていましたが、近年、息子さんがあとを継ぎました。「ありがとうございます、まいど」。店をでるとき、頭をさげつつ見せる先代ゆずりの笑顔が、〆の一皿。わたしもまた、ご清覧のみなさまに「おおきに。またごひいきに」。

二〇一五年　戦後七十回目の秋

和賀正樹

和賀正樹（わが まさき）
一九五八年、和歌山県新宮市生まれ。新宮市立千穂小学校卒。人生で必要なことの大半を、同小の運動場と熊野の海、山、川で学ぶ。明治大学死生学・基層文化研究所客員研究員。著書に『ダムで沈む村を歩く 中国山地の民俗誌』(はる書房)、『太道商人のアジア』(小学館)、『熊野・被差別ブルース 田畑稔と中上健次のいた路地よ』(現代書館)

協力　沖縄県公文書館
　　　アジア太平洋戦争アーカイブ
　　　米国立公文書館

これが「帝国日本」の戦争だ

2015年11月30日　第1版第1刷発行

著　者────和賀正樹
発行者────菊地泰博
発行所────株式会社 現代書館
　　　　　〒102-0072　東京都千代田区飯田橋3-2-5
　　　　　電話　03(3221)1321　FAX　03(3262)5906
　　　　　振替　00120-3-83725　http://www.gendaishokan.co.jp/
組　版────箕浦　卓
印　刷────平河工業社(本文)
　　　　　東光印刷所(カバー)
製　本────越後堂製本
装　幀────箕浦　卓

校正協力・高梨恵一
Ⓒ2015 WAGA Masaki　Printed in Japan　ISBN978-4-7684-5778-8
定価はカバーに表示してあります。乱丁・落丁本はおとりかえいたします。

本書の一部あるいは全部を無断で利用（コピー等）することは、著作権法上の例外を除き禁じられています。但し、視覚障害その他の理由で活字のままでこの本を利用出来ない人のために、営利を目的とする場合を除き、「録音図書」「点字図書」「拡大写本」の製作を認めます。その際は事前に当社までご連絡ください。また、活字で利用できない方でテキストデータをご希望の方はご住所・お名前・お電話番号をご明記の上、右下の請求券を当社までお送りください。

活字で利用できない方のための
テキストデータ請求券
『これが「帝国日本」の戦争だ』